浮图之上

FUTU
ZHISHANG

崔志刚 著

河北出版传媒集团
河北教育出版社

图书在版编目（CIP）数据

浮图之上 / 崔志刚著. -- 石家庄：河北教育出版
社，2024.9 -- ISBN 978-7-5545-8668-6

Ⅰ. I247.5

中国国家版本馆CIP数据核字第2024D6H788号

浮图之上

FUTUZHISHANG

作　　者	崔志刚	
责任编辑	汪雅瑛　王旭瑞	
装帧设计	牛亚勋	
出版发行	河北出版传媒集团	
	河北教育出版社　http://www.hbep.com	
	（石家庄市联盟路705号，050061）	
印　　制	保定华升印刷有限公司	
开　　本	787mm×1092mm　1/16	
印　　张	13.25	
字　　数	185千字	
版　　次	2024年9月第1版	
印　　次	2024年9月第1次印刷	
书　　号	ISBN 978-7-5545-8668-6	
定　　价	48.00元	

目录

/

引子

/

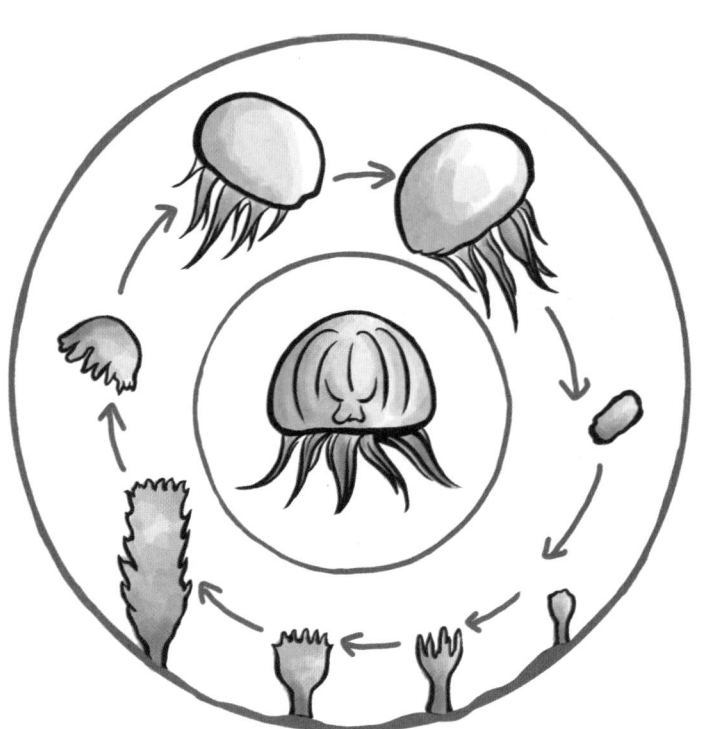

□ 灯塔水母

一

这是K集团在M市进行的一次心理探测。

作为一家超大型跨国公司，K集团在许多领域已经创下了足够辉煌的业绩。这一次，集团高层希望通过这样的社会调查，开掘一下新的发展方向，来探寻在投资方面的可能机会。

心理探测活动计划在全球不同的城市进行，目的是探摸出芸芸众生最真实的消费欲求选择，以决定可能的投资方向，M市是计划的第一站。

"希望这一次的探测结果能有惊喜出现啊。"一个长着鹰钩鼻子的瘦高男子，摆弄着手里的一块最新型电子腕表，语气中充满了不确定和玩世不恭感。

他是集团里最神秘部门"刺针部"的隐形部长，因为他虽然说名义上是部门的负责人，但是从来不在集团里出现，见过他的人据说不超过三个。

此刻，三个人中的其中一个就坐在他的旁边——集团董事长，一位已经年过七十的白发老者，长着一副偏重亚裔的混血面孔，目光阴郁，但是透射着显而易见的智谋和戾气。

"可以开始了！"白发老者没有回应瘦高男子的感怀，按下对讲键，对着正前方的单向透视玻璃向外面下达了指令。

"遵命!"一位身着英伦范式紧身西装的小个子男孩儿回答道。其实这也是一个成年男子了,但是却长着一张娃娃脸,眉眼间跟白发老者有几分相似,他是集团的另一个部门"出鞘部"部长。他还有另一个身份——董事长的第三房次子,见过瘦高男子真面目的第三个人。

K集团的心理探测题目和探测形式是由瘦高男子制定的,瘦高男子认为这些探测内容基本能够概括出人类最原始的生理和心理欲求。

心理探测的具体执行并不复杂,同所有的社会调查活动差不多,是要在所选城市中招募100位不同身份的各类人员,进行两回合九次选择机会的测验。

此刻,100位参试人员已经在外面一个空旷的商业综合体大厅内安静地等待。K集团花了不菲的租金租下了这个大厅半天的使用权,四周布好的安保人员这时候也都已经就位待命,每个人都是一身精良的通信安保装备,以确保探测活动不受任何干扰,整个大厅里鸦雀无声。

从上面俯瞰下去,100位参试人员每人都被单独安置进了一个分隔好的格子空间,在每个人的正前方,有一个电子显示屏,每个参试者都佩戴好了一副头戴式耳机。

在每个人的头部上方,都悬垂着一个超清眼部跟踪器,用来捕捉精确到毫秒的参试者目光聚焦指向;另外在每个人的心脏部位,都捆绑好了一个类似于HOLTER(动态心电图)的小盒子,功能相当于测谎仪的心理活动检测仪,用来判定参试者每一刻的心理意图。二者联用,可以准确获得参试者对选择目标从第一眼关注到心理最终做出决定的绝对真实性。

在招募参试者时,主办方K集团的工作人员—— 一群青春靓丽的美少女们,态度亲切地声明,每位参试者都能获得一笔可观的基本费用——每人1000镑的时间占用费,而最后如果能被判定所做选择是绝对出自其内心的真实动机，还能再追加2000镑。但是如果所做选择不是自己的真实欲求表述，则将会在过程中被取消参试，同时1000镑的基本费用也将会被收回。

待遇够优厚，条件很简单，不会有任何损失。K集团是享誉世界的大公司，而且这次活动是在当地政府那里备案审批过的，不存在任何欺诈和骗局。

只要别说谎，就能净拿3000镑，参试者招募过程很顺利，很快就集齐了所需要的人数。

"今天得要花费个几十万镑啦，老爷子。"瘦高男子收起了电子腕表，坐直了身体，等待探测的开始。

"只希望价有所值。"白发老者鼻子里轻哼了一声，他对这点儿钱的得失早已过了敏感计较的时候了。

"现在开始进行预备探测，请每位参试者在显示屏上用手指触摸做出选择。"随着甜美的女声在耳机里响起，每位参试者面前的显示屏里同步出现了四种食物的图片——牛排、西红柿炒鸡蛋、油炸花生米、臭豆腐，同时打出字幕"请选择您最喜欢吃的食物"。

100位参试者很快就都做出了自己的选择。

大约2分钟后，耳机里的甜美女声再度响起："感谢各位的良好配合，根据系统判定，98位参试者的选择都是出自本人的真实意图。但是，有2位参试者的选择却不符合这个要求，您眼前的显示屏已经关闭，请您在安保人员引导下退出探测现场。希望剩下的98位参试者继续保持你们内心选择的真实性，我们的探测只有这一项要求，感谢配合。"

10分钟后，耳机里的甜美女声继续开始了播报："现在开始正式探测，我们的探测将会进行两个回合，探测问题只有一个：如果让你选择，你希望拥有以下哪一种机会或能力？您将会按顺序依次看到五个选择项目，每次选择的时间是5秒钟，超过5秒则意味放弃，1分钟后会放出下一个选项，选择时间同样为5秒钟，在进行下一个项选择时可以放弃上一个选项，也可以选择同时保留。好，1分钟之后，将开始第一回合探测。"

众人暗想，这太容易了吧，这探测技术难度也太小了，都选择上不就行了吗。但也有人寻思，或许第二回合探测会增加难度，这么高的报酬，肯定不会就这么来打打对钩就完事的，要拿到人家的1000镑或3000镑，从第一回合开始就不能乱来，还是要尊重人家的唯一要求——所做选择要绝对出自内心的真实动机。

1分钟很快过去，甜美女声的语气稍微严肃了一些："现在进行第一回合第一个项目的选择，看到显示后，请在5秒钟之内做出选择。"

显示屏上打出了第一个希望能够拥有的是：一种超能力，内容为瞬移、隐身或飞行（可选择其中一项）。

参试者中的老年人几乎没有人伸手去做选择，有大约二十几个年轻人选择了此项中的不同分项，瞬移和隐身的比例略高于飞行。几个中年妇女犹豫了一下，终于没伸出手去。

监看室里，瘦高男子对白发老者揶揄地笑笑："只要有年轻人在，能够满足梦想的产品总有市场，在高科技项目上可以深度尝试一下。"

甜美女声的播报又很快响起："现在进行第一回合第二个项目的选择，看到显示后，请在5秒钟之内做出选择。"

显示屏上打出了第二个希望能够拥有的是：变成你想要的容貌模样。几乎所有的女性参试者都毫不犹豫地按向了触摸屏，有先前选择了超能力的年轻男孩儿也放弃了前面的选择，改为了此项，参试者中的老年人依然没有动手，5秒钟瞬间过去。

瘦高男子发出了阴笑："只要有女人在，美容、减肥、靓装就不愁市场，西班牙的那个人皮再造项目和巴西的翘臀抽脂项目可以投。"

甜美女声开始播报下一个选择："现在进行第一回合第三个项目的选择，

看到显示后，请在5秒钟之内做出选择。"

显示屏上打出了第三个希望能够拥有的是：彩票中奖5000万。

先前一直没有做出选择的十几个老年人迅速伸出了手，几个显然文化程度不高的参试者也选择了此项，其他前面选择过了的参试者也同时选择了此项。

瘦高男子这次默然不语，白发老者长叹一声："人为财死鸟为食亡啊，诈骗这个古老行业永远都不缺上钩的鱼，这块儿不是我们的菜。"

瘦高男子依然没有开口，但是能够从神情里阅读出对白发老者的极度不屑，同时还兼有一丝逃脱某种打击之后的侥幸感，似乎脸部的微细表情里在暗写着："别忘了你的第一桶金是咋来的！玩不转的时候还不是得靠这个。"

甜美女声开始播报第四个选择："现在进行第一回合第四个项目的选择，看到显示后，请在5秒钟之内做出选择。"

显示屏上打出了第四个希望能够拥有的是：复活一名至爱亲人。

30多个年龄已过不惑的参试者很快选择了此项，选择了第二项的女性参试者也大多增加了这个项目的选择，最后，几乎90%的参试者都选上了这个选项，只有很少的人在犹豫间超过了5秒时间限定而没有做选择。

瘦高男子的眼里少有地出现了泪光，白发老者也有些唏嘘："人间还是有真情在啊，在这一块儿下一步可以考虑开发一些新的项目，南美的那个通灵团体好像上次提出了一个计划书？"

"已经在进行了，经过科伦兹大学生命学院的专家和底比萨里生态工程学院的博士后团队评估，如果加上一些科学包装，可以投入市场试运行。正在等我们最后的投资决定。"

"哦，我这周召集董事会。"

瘦高男子心底的那份嘲弄再度泛起。

此时，与前四项测试稍做了一下间隔，2分钟后，甜美女声开始播报最后的选择，"现在进行第一回合第五个项目也就是最后一个项目的选择，看到显示后，请在5秒钟之内做出选择。"

显示屏上打出了第五个希望能够拥有的，只有两个字：永生！

从头戴式麦克的话筒回送里，能听到明显的急促喘气声，然后是一阵极短暂的沉默，突然，所有的手指都不约而同地按了上去，无人能抗拒这个人类终极诱惑！

瘦高男子和白发老者都没有作声，对于这个结果，他们早在预料之中，所以表情都是波澜不惊。看来谁都知道，好死不如赖活着。

外面大厅里稍微安静了一会儿，马上要开始第二回合探测。

人性的考验就要到来了！

甜美女声的播报再度响起："现在进行第二回合探测，这一回合的探测将进行四轮，现在进行第一轮，看到显示后，请在5秒钟之内做出选择。"

显示屏上打出的字幕是：必须在您已经选择的项目中，去掉一个选择。

看到这个字幕，人群中涌起一阵骚动，果然，大招儿在这里等着呢！

第一回合探测中，有5%的人选择了所有的选项，其他的大多是选择了三项到四项，5秒钟的时间不允许有太多的犹豫，超能力选项几乎被删除得一干二净，美貌容颜选项也被不少参试者放弃了。

白发老者没有出声，心中在暗算着要调整投资的领域。

随着甜美女声的第二、第三轮播报和字幕的显示，中奖5000万和美貌容颜选项被交错放弃掉。

瘦高男子阴恻恻地说："有钱能使鬼推磨，要鬼还是要钱？难呐。"

白发老者出神不语，多少有点遗憾对几个大学生高科技项目的投资，人类的本源欲求始终是左右商业大势的舵盘。

顷刻，甜美女声的通告到了第二回合的最后一轮，这也是本次探测的最后一哆嗦了！

"现在进行第二回合最后一轮探测，这也是本次探测的最后一轮选择，这次选择的思考时间是10分钟。"

大部分参试者面前的显示屏上都留下了两项选定的结果，永生是通用的选项，另一个选项大多集中在复活一名至爱亲人上，也有极少的几个参试者保留的是中奖5000万。

10分钟做出一个选择，按说不算太短的时间，但此刻时间的流逝似乎很快。

只见参试者一个个眉头紧皱，双拳紧握，能猜得出肯定攥了一手心的汗。每个人的目光都在超清眼部跟踪器的捕捉下左右变换着焦点，在显示屏剩下的两个项目上来回游移。心理活动检测仪配合着目光跟踪，即时判断着参试者的真实心理意图。

"灵魂的考验啊！要亲人复活还是自己活着？这道题出得真不是东西！"瘦高男子暗中骂自己。

突然，人群中一名气质文雅的中年女子崩溃地哭了起来，她的显示屏上显示最后的选择是永生，被放弃的是复活一名至爱亲人；一名工装打扮的年轻男子，在中奖5000万与永生之间，略微迟疑了3分钟，首先把手指伸向了永生，但马上又缩了回来，最后一咬牙，直直地戳向了中奖5000万；一名神情冷傲的中年男子，似乎眼前空无一物一样，眯着眼思考了7分多钟之后，在永生与复活一名至爱亲人之间未做任何选择，有些恼怒地扔掉了耳机，一言不发地走出了测试格子，径自离去了；另一位中年男子在两个项目上目光徘徊了若干次，似乎下定了最后的决心——保留复活一名至爱亲人的选项，手指刚一接触到屏幕，他的耳机里一个冷冷的声音响起："对不起，这不是你的真实内心选择，您眼前的显示屏已经关闭，请您在安保人员引导下退出探测现场。"

相继，又有5名参试者摘下了耳机，讪讪地离开了格子间。

另外91名参试者的最后选择都指向了同一个选项——永生！

"几乎百分之百啊！"瘦高男子怪叫着跳了起来，在原地转了好几个圈，"真不出所料啊，人性的本源，谁也逃不过。"

"让清张松木研究所继续扩大艾沐茵类蛋白质辅酶I的实验规模，争取明年年底完成动物实验，不，人体实验要同步进行。给萨里拉博士再追加5000万英镑，正谷胱甘肽抗氧化剂争取两年后就投放市场。把西伯利亚的潘柯夫小组先撤回来，先进行冷杉萜烯的化学分子分析，资金问题通知梅丽小姐，不要再走正常程序，直接找我批。另外，中国那个谷岳山教授的魔灵菇和海蛞蝓头身分离再生联合攻关到了什么地步？所有的抗衰老药物最新动向都要由你和斯拉部长亲手去抓！"白发老者也好像要坐不住了。

那个花花公子？"哼！"瘦高男子没有说出声来，只在鼻子里哼了一声表示应承，心里暗想拿到该拿的钱为上。

在M市进行的这场心理探测结束了，91位参试者在排队陆续领取3000镑酬谢，每一位参试者都跟K集团签订了保密协议：彼此都不知道对方的最终选项是什么。

人性经不起考验，一次就够了。

人类最想要的追求，已经被探测出来了。

二

一座大型海洋馆里，一部窄窄的自动扶梯缓缓而下，一对父女随之进入海底隧道，头顶上是游来游去的各种鱼类。

他们来到了水族馆的中心，人鱼姐姐喂鲨鱼的表演正在进行中。

人群中发出了一阵惊呼，只见一条凶猛的大白鲨好像要冲破玻璃幕墙破壁而出。就在这个时候，一条身姿曼妙的美人鱼出现了，大白鲨也灵敏地感觉到了，转向美人鱼逼近。在众人骇异的喊叫声中，只见大白鲨围着美人鱼温顺地转了几个圈，然后咬上美人鱼手中的食物，轻巧地摆尾游走了。

父女俩的脚步停在了一处较为偏僻的角落，一个似乎孤立放置的"大鱼缸"里，浮动着一片片闪着红光的透明的"蘑菇"，"蘑菇"的下摆漂着许多条的胡须，灯光投射下来，晶莹剔透，在海水的映衬下就和发光的灯塔一样，像是一个高贵的公主，兀自冷艳美丽着。

父亲指着旁边的文字介绍说："这是灯塔水母，理论上永远不死的地球生物。其他水母在有性生殖后就会死亡，而这种水母有一个极其令人羡慕的本领，当达到一定年龄阶段时，它们就会逆向生长，从水母形态变回水螅形态，再长大成水母，水母又变成水螅。并且在这个过程中它们的基因排列形态基本一样，可以说是真正的返老还童。除了生病或者被吃掉，灯塔水母可以在无限的时间里这样转换，从而实现永生。"

女儿低头沉思了一会儿，突然抬头问道："那海里不全被灯塔水母占满了吗？"

"大鱼缸"里的灯塔水母漂荡游过，鬼魅般美丽的艳影，似乎在宣示着骄傲的永生能力。

父亲似乎已经想到女儿会提出这个问题。

"不会的，大海可没有海洋馆里温室般的舒适环境。在它变回水螅的时候，一旦遇到生存环境的微妙变化，例如当海水的温度、水质等方面只要有一点儿细微的变化，就会对其造成致命的打击——难逃死亡。所以，它的永生只有在这里——被良好地呵护下才有可能。"

三

"你说，人生的意义，是在于时间的长度，还是生命的宽度？"

人在极度悠闲甜蜜的时候，总会谈到一些关于身体、生命的终极命题，在晚饭后的飘窗座台上，一对小情侣就正在慵懒地进行着这样的不设限畅想。

女孩儿笑着问男孩儿，金色的夕阳正在给城市勾出轮廓。

面对如此宏大的人类哲学思考，男孩儿表情稍有迟疑，但很快就给出了三观正确的标准答案。

"生命诚可贵，爱情价更高。"男孩儿调皮地一笑，转而神情严肃，极其认真地说道，"肯定是要多做些对社会有意义的事情，胜过浑浑噩噩地活着。"

"切！"女孩儿撇了撇嘴，"别唱高调，真是这样想的吗？"

"当然啦！要不然，人跟动物还有什么区别？"男孩儿的语气坚定。

"好吧，换一个问法，如果让你浑浑噩噩地活着，但是能够长生不老，你愿不愿意？"女孩儿的逻辑转换得很快。

"我……还是愿意吧。"男孩儿显然被问得猝不及防，但随即又往回找补道，"因为，只有先活下来，什么惊天动地、轰轰烈烈的一切都才有可能。"

时间纪元进入22世纪，人类社会发展到高度发达繁荣阶段。在历史悠久的东方文明所蕴生的人类命运共同体精神的持续熏染下，战争和冲突被良性的竞争与合作所取代，和平发展成为唯一主题。

和谐共处的全体地球村居民，向着人类种群永生存续的目标携手同行。

第一章

入阁

永生阁

公元2210年。

东经81.3°，北纬31°。

西藏阿里，普兰县巴嘎乡北部，冈仁波齐顶峰的向阳山坡。

一座像是用雪块砌成的类似于蜂巢般的庞大城堡，在月光的照耀下泛着白色的辉光，从城堡的外表面上，可以看到密密麻麻地散布着无数的小格子似的房间。

——

"恭喜您成为永生人！欢迎来到永生世界。"

漳鸿钧听到一个有金属质感的声音从脑袋上方传来，他正在吃力地睁开眼睛，第一感觉是自己被囚禁了！

视野里一片模糊的白色，目光所及，似乎是处在一个密闭的狭小空间里。

"这是什么地方？我是不是死了？这是天堂还是地狱？或者是阴曹是地府？"漳鸿钧的大脑里一片空白，只隐约记得自己似乎被抬进了一具棺材模样的密封容器里面。

"嘻嘻，阁主不要开玩笑哦。这里不是什么天堂地狱阴曹地府。"那个声音发出了一阵短促的笑声。

"您没有死，活得好好的呢，您的各项生理指标都很正常。"还是那个声音，充满真诚和热情。

漳鸿钧试着深呼吸了几下，脉搏心跳都很平稳，确实身体的反应和平日没有什么不同。

接着那个声音告诉了他现在所处的环境。

"这是专为永生人口建造的'永生阁'。"

"永生阁？"漳鸿钧的眼睛已经渐渐能够完全看清楚周围的景物了，左右环顾，发现这是一间低矮狭小的斗室，整个房间似乎是3D打印出来的，没有门和窗户，连墙角的拐弯处都没有接缝，只在头顶的正上方有窄窄的一小块透明的天花板，可以确定现在是晚上，有点点稀疏的星光。

压抑！憋闷！漳鸿钧觉得无比难受，呼吸困难，第一感觉是要尽快逃离这个鬼地方。

身体的触觉告诉他，自己是躺在一张似乎是铺有乳胶材质垫子的床上。

"怎么回事？"漳鸿钧试图坐起身来，但是发觉身子和床似乎成了一体，他费力动了动胳膊，想摆脱某种束缚，但是感觉自己一点儿力气也没有，就放弃了起来活动的努力。

"让我起来！"漳鸿钧有些愤怒。

"您可能是有一些虚弱性狂躁，需要先给您补充点儿'菩提液'恢复能量。"那个声音没有直接回应漳鸿钧的诉求。

一根乳白的柔软的管子像喂猪一样伸到了漳鸿钧的嘴边。漳鸿钧想，这大概就是所谓的菩提液吧，喂肥了好杀了吃肉吗？管子伸过来，他只好被动地张开嘴，一股清凉的液体进入了漳鸿钧的口腔里。漳鸿钧感觉到这个液体的味道有些淡淡的酸甜，间杂着一些轻微的苦涩，整体的口感就像是浓稠的

第一章

入阁

酸奶一样，说不上好喝，但是也绝对不属于难以下咽。

菩提液的灌注进行了两分钟左右便自动停止，漳鸿钧觉得进食的时间恰到好处，似乎是根据他的身体需求精确计算过的。

用过"餐食"之后，漳鸿钧觉得精力和体力都恢复了不少。理智告诉他，目前的态势，也许一动不如一静，先观察观察再说，他决定静观其变。

"您现在是处于服用衰老停止药之后的短时记忆丢失状态，忘记了很多东西。不过您别着急，您的所有记忆都会恢复的，这个过程可能需要十几天或一个月的时间，每个人的情况都会有一些不同。为了让您不至于感觉恐慌，我将为您进行'启智引导'，帮您快速度过这段永生过渡适应期。"那个声音充满安抚地继续说道。

"衰老停止药？"联系这个声音之前说过的欢迎永生人之类的话，漳鸿钧似乎有点明白，或许自己这是真的实现长生不老了？

"我不会继续衰老了？会一直活着了？"

"是的，你现在是永生阁第17532号永生人。"声音的回答无比肯定。

二

"哦，是吗？真的吗？看来秦始皇一直想搞的不死神药是被我搞到手了?"漳鸿钧冷笑着说，"徐福将军呢？秦始皇陛下他老人家可安好?"

"阁主不要开玩笑，这不是幻象，从现在开始，您的永生生活开始了！"

"永生生活？"漳鸿钧环顾四周，想象不出在这间"闷笼"里如何开展自己的永生生活。

"好吧，既然按你说的，我是一直都能长生不老了。那先让我出去透口气行吗?"漳鸿钧一刻也不想在这个白房子里待下去。

而接下来听到的回答，对漳鸿钧来说，不啻像是某种宣判一样，更如惊雷一般重重地击溃了他的神经！

那个机器般的声音道出了一个令漳鸿钧倍感峻酷的现实。

"您不能出去，您的永生生活就是在这个永生阁里了！"

"什么?"漳鸿钧真的被激怒了，"我抗议！你们不能这样限制我的人身自由，我可是合法地球公民，我的全球通行人权识别号是'AVIE10000028973'，快放我出去！我不要待在这个鬼地方。什么永生！看来就是个陷阱、骗局!"

"不可以的，阁主！您是签过《永生人生活管理协议》的。"

"别叫我阁主！谁是你的啥子阁主。我什么时候签过什么《永生人生活管理协议》?"漳鸿钧脑海里没有丝毫的记忆。

"别着急阁主，你还很虚弱，需要睡一会儿，睡醒后我会尽快把相关的背景都帮您回忆起来的。"

天花板的夜色渐深，虚空里什么地方的机关动了一下，屋内的光线暗了下来。一阵轻柔的音乐响起，屋内飘起了檀香般的馥郁香气，漳鸿钧不觉间进入了梦乡。

三

"早晨好，阁主。永生生活新的一天开始了，祝您有一个好心情。"问候的声音充满朝气和活力，阳光从天花板投射下来。

"哦，我自我介绍一下，我是您的贴身揭谛。揭谛是一个佛门词汇，你可以理解为侍卫或者看护都行。我是AI（人工智能，下同），我的名字叫如铭。"那个声音飘到了漳鸿钧的正面，一张俊美柔和的少年面孔出现在漳鸿钧的眼前。这张美少年面孔让他顿生好感，疑惑和不安消除了许多。

此时，漳鸿钧开始有点相信，自己确实已经实现了人类一直期望的终极梦想——长生不老，大脑深处的某些记忆也在呼应着这一认为。

但是，漳鸿钧还是接受不了，自己的永生生活会被"困"在这么一间狭小的阁子里。四周是一样的场景，到处都是暖暖的乳白色，漳鸿钧有着一种窒息的感觉，似乎自己是掉入了一个大的阴谋陷阱当中，他不知道自己怎么会被弄到这里来，但是却又有着一种说不出来的安定感，似乎这里就是自己的应有归宿。

"我知道您还是有些迷惑和恐慌，我今天的工作就是争取快速帮您理清这一切。"如铭语气和蔼，言语的分寸感极其符合一名贴身揭谛的身份。

漳鸿钧明白自己目前的处境，在脑子里的记忆没有恢复之前，也只能是听天由命，姑且配合这个什么贴身揭谛如铭，先尽快搞清楚事情的来龙去脉为上。

"在2168年，人类掌握了永生方法。"

如铭的话音很轻，如此重大的事件从他口里说出来，就像一片羽毛飘地一般。但是对漳鸿钧来说，却好像被铁锤重重地击了一下脑袋，极具震撼。

"生命科学家通过数年研究，终于成功合成了能够抑制人体衰老的衰老停止药，也就是秦始皇一直在找的那种不死药！"

如铭的手指在虚空点了一下，一屏细胞、染色体的视频影像出现在漳鸿钧面前，又变幻为一组数学公式和一堆奇怪的符号。

"人类对于破译人类衰老密码、延缓死亡进程的探索，一直在孜孜不倦地高速进行着。"

一组各国科学家进行生命科学试验的镜头，以及各种各样的试管、显微镜、生物制剂提取物的画面呈现出来。

"在21世纪末期，诸多的抗衰老研究、对突破生命枷锁的探索，最后逐渐集中在三个主要被认为可以实现的方向上，通过促进人体器官和组织再生的再生医学、通过细胞重编程技术扭转生命周期和制止染色体端粒缩短的端粒酶研究。"

漳鸿钧想起来了，那一阵子，各个平台上的这类商品信息甚是热闹，也是高净值人群间的热门话题。

"最后，科学家们综合各种抗衰老研究成果，采用'鸡尾酒'高效抗逆转录技术，联合使用了五种以上的混合焕新技术成果，尤其是在昆仑山背面向阴的山坡底部，采集到了具有极强生命力的'魔灵菇'菌体，从中提取到了生物活性最强的端粒控制酶，最终在2168年，能使衰老停止的'魔灵菇一号'横空出世！从理论上讲，人体的衰老被喊止了！也就是说，人们成功锁住了年龄，实现了长生不老。"如铭神色平静地说道。

四

随着如铭的讲述，漳鸿钧的记忆在慢慢地恢复，很多事情陆陆续续地涌上心头。

"但是，衰老停止药的出现，最初给人类带来的却并不是美好。这种被命名为魔灵菇一号的衰老停止药一问世，同所有最新的生命科技成果一样，首先被富人圈子获知并优先获得使用。"如铭继续陈述。

漳鸿钧撇了撇嘴，表示这是意料之中的事情。

"获得永生的社会优势阶层并不想让这样的发明成果也惠及所有人类，所以，在很长一段时间里，永生还只是部分人的特权。"如铭继续说道。

"不过，社会文明的进步和人类道德的进化，最终打破了这个局面。经过无数次的抗争和协商，终于在2197年，人类成立了'地球永生联盟'，联盟制订了第一条法案：'永生权属于全人类，每个人都应该获得永生的权利。'"如铭似乎在说一个跟自己无关的事实。

漳鸿钧的记忆渐渐恢复过来了，他清楚地记起当时通过新闻频道收看地球永生联盟宣布这一重大决定的现场直播的情景，全球所有的人都在欢呼雀跃，人类从此在生存面前站在了同一条水平线上，所有人都获得了长生不老

的权利和资格。

但是，人人永生之后，真正的危机才刚刚开始！

时间倒回到魔灵菇一号刚刚发明的时候。在风光秀美的峨眉山脚下，西南交通大学的明诚堂学术报告厅内，一位精力充沛的中年学者正在发言。

"第一个问题——地球上的资源够不够用？地球资源能否足够负担未来数以万亿计的不死生命，这是最低的智商都能算到的问题。"

台下，漳鸿钧和众多听众一起，正在聚精会神地倾听关于人类永生前景的探讨。

"是啊，人生无限，资源有限，以有限而供养无限，总有穷尽的时候。"旁边的一位白发老者忧虑地点了点头。

事实上，多年以来，首先获得永生的富豪集团和优势阶层早就开始大肆囤积资源，从粮食、能源到奢侈品、武器，为他们无限的永生年华储备足够可供消耗的一切物品。而当所有人都争取到永生权之后，这种争夺必将会变得更为惨烈。

经过了许多年的抗争、协商、再抗争、再协商的反复之后，'地球永生联盟'又制订了第二条法案：为了人类永生共存，全球资源必须平均享有。

"但是，资源总有用尽的时候，所以，为了人类的终极永生，我们的目标只能是，也必须是——"中年学者转了个身，大屏幕上的PPT打出一行硕大的字体，"向外太空进发，寻找适合人类生存的外星球体以拓展资源空间进而实现外星移民。"

"能想到的，这是必然的，也必须是这样，才能解决永生之后的资源不足啊。"白发老者深表赞同。

然而，就目前地球科技的现状而言，虽然航天研究一直在飞速发展，但是人类要实现外星移民，只能说仍然处于很初级的阶段，甚至还不能确定是否存在适合人类生存的外星球体，以及适合漫长星际旅行的航天飞行工具，理智推算，还得需要相当漫长的时间才能实现外星移民。

这是永生之后面临的第一个难题。不过，虽然资源问题很紧迫，但是根据对永生之后人口的增加速度进行的模拟计算，目前的地球资源还能够再支撑几百年的时间。

"因此，我们现在就是要和时间赛跑，"中年学者顺手打开了PPT的一个视频，画面里，身穿灰白制服的科研人员行色匆匆，表情严肃地正在几个大型计算机前紧张忙碌地工作着。

"大家看，这里是坐落在草原云谷乌兰察布的'寰宇'基地，正在进行着人类历史上最为艰难浩繁的超量计算和研发攻关工作——生天计划。"中年学者的语气充满敬佩，"他们是支持我们长生不老的最大希望，这里集合了全球最有智慧的近万名科技人员，像这样的基地，在全球还有十几处，分别承担研发、制造星际旅行器的工作。在未来的几百年时间里，一切只为了一个目标：向着外星移民做最后的决战！"

说到这里，中年学者的语气顿了一下。

"希望太空科技的发展能有奇迹般的突破，在地球资源耗尽之前，我们已经找到那颗希望之星了。"中年学者的语气似乎信心很足。

"其实，更大的危机还在后面。"中年学者的面色一凛，话语转而充满了忧虑。

五

"第二个难题，我要请菲凌博士来给大家讲解。她是魔灵菇一号项目的主要研发者，正是菲凌博士因循中国古人的智慧，在《非命经》里获得了灵感，才最终加快了抗衰老研究的进展，从而使我们获得了人类历史上最伟大的永生突破！我们掌声有请菲凌博士。"

发言人换为了中年学者邀请上台的菲凌博士，一位体态丰润的年轻女学者，她略显羞涩地推了推鼻梁上的眼镜，打开了自己的演讲PPT，接着之前的话题继续发言，语气中没有被赞美的欣喜，反而显得很沉重。

"各位请注意，我们必须先要明确一个概念，虽然魔灵菇一号能让衰老停止，但是……"菲凌博士接下来的陈述甚至更加凝重，"它不是秦始皇想找的那种不死药！神话里的那种返老还童是不存在的。"

人群中有一些轻微的躁动。

"从生化属性本质上，它应该被称为衰老停止药，所以要明白一个事实，永生并不等于神话中的金刚不坏之身！只能说是有条件的永生。"

进入具体的专业内容之后，菲凌博士没有了那种一开始的矜持，语气也在加快。

"也就是说，它只是停止了人体本源的衰老，而外力的伤害、疾病的影响、水和光线的污染，包括意外伤害等这些人体之外的干扰，依然会侵蚀人的生命。所以，从某种意义上说，永生人如果维护不好的话，还是会死的！"

大厅里一片唏嘘声响起，左右交头接耳，感慨不已。

从某种意义上讲，这个问题其实比第一个难题更加难以应对。因为人类获得停止衰老的技术之后，整个人生态度从生理到心理都会发生极大的改变。

人们对于自己身体的爱护，会变得异乎寻常的敏感，因为，谁都不想已经可以长生不老的身体，因为博士提到的那些其他原因而导致生命终止。

以前在有限生命的前提下，对于疾病的治疗，不过是希望能尽量延长生命的长度而已，而现在当这个长度可以在理论上成为无限之后，则是提升为——不能得病！

"生物学的问题变成了社会学的问题——永生人如何维护自身的永生不被破坏。听起来很黑色幽默是吧？事实就是这样有些尴尬。"菲凌博士的讲述在继续。

第二次世界大战之后，一直没有再发生过全球规模的战争冲突，人类社会进入相对和平的时期。随着对身体疾病进行修复的医疗技术也在不断地进步，人类寿命上限在飞跃式提升，在很多国家和地区，平均寿命早已超过了'人生七十古来稀'的水平，甚至寿命过百也不再是什么难事——即使没有魔灵菇一号的帮助，突破一百二十岁岁的上限也绝非不可能。

但是，因为人类太想实现永生，就出现了这样的一个不等式，生命科学的研究大大提前于医疗技术获得了突破，长生不老药的出现，让所有的医疗手段都显得很脆弱。

"也许，人类只能装进绝对洁净的罐子里，才能永葆身体不被细菌和病毒感染。"菲凌博士似乎也很无奈地说道，"同时食用经过严格安全检验、经

过科学配比的食物，才能确保永生的身体不出问题。"

漳鸿钧的思绪离开了学术报告的场景，他回忆起了那段时间，人类获得永生技术之后，由于生命可以达到无限，对于生活细节的要求达到了近乎变态的程度。

首先，对于食物逐渐挑剔到了恨不得每一粒米都要经过仔细检测，每一口水都要确保没有有害物质，很多人出现了饮食神经质反应综合征；其次，对于空气质量和光线辐射等人居环境变量，也极其苛刻起来，形成了怕见光死变态幽闭综合征。

六

"不过，我们还是要肯定它的积极意义，长生不老药的出现，毕竟象征着人类突破生命界限的胜利，所以我们也不要过于妄自菲薄。"演讲人已经换作一位精神矍铄的老教授，"除了刚才两位同人提到的，永生确实带来了一些比较棘手的难题，但同时也产生了一些意外的有益效应。比如人身伤害犯罪几乎消失了，谁都不想因为侵害他人的永生机会而付出自己永生的代价；驾驶汽车等危险性高的行为，也不再只是被动地依靠法律规定来保证安全，获得长生不老之身后开起车来都极其自律，也更加小心谨慎；另外，因为人生时间无限，社会生活的节奏也开始慢慢降下来，逐渐回到现代人一直渴望的那种慢生活状态，世界文明进入共存和谐的状态。"

漳鸿钧对这一点似乎表现出了赞同。但是很快，老教授的话锋一转，又一个严峻的现实摆在了人们面前。

"但是，这种美好的人类社会景象并不能消除永生技术带来的另一个冲击！最开始因为衰老停止药的发明而陷入狂喜的人们，又发现了另一个棘手的问题。"老教授眉头紧皱，"那就是对社会生存认知的破坏。越来越多获得永生的人口与处于正常生长阶段的人口，同时存在于社会之中，互相间的身

份辨识和年龄感判断都会出现模糊现象，从而导致很多复杂的伦理秩序错乱。"

"嗯。"漳鸿钧进入了教授的思索逻辑，"能想象得到，到了一定年龄之后不再衰老，一位在公交车上被让座的老大爷，也许比让出座位的'年轻人'还要年轻几十岁。"

"是的，另外在家庭生活里也会造成很多困扰，累积十几代的祖爷爷祖奶奶都在一个屋檐下活动，非把孙子玄孙子们给晃晕了不可。"老教授形象的比喻引发全场哄笑，"再说，得需要多大的房子？多少处房子？怎么个住法？这些都是问题，势必加重个人和社会的负担。"

"但是，长生不老已经成为现实，我们不能因噎废食。我们从洪荒野蛮一路披荆斩棘地走来，发明了种种科学技术，创造了无数的文明奇迹。人类的伟大就在于面对困难，迎难而上，解决掉这些困难，我们才能成为真正的宇宙最高生灵。"老教授激昂振奋的声音回荡在整个报告厅里。

七

漳鸿钧逐渐回忆起来，当年的地球永生联盟也意识到了这些问题的严重性，召集了一次次相关的会议来研究对策。

一种声音提出规定一个人类生存的上限，比如二百岁，到时必须接受人道毁灭、步向死亡。但是这种声音很快就被否定，虽然不排除有的个体会秉持"我不下地狱谁下地狱"的理念，为了人类的永续活力而奉献生命，同时也确实有国家和地区，在考虑不接受魔灵菇一号对生命的延伸，继续保持生生往复的代代更新。然而出于人性自身的本源欲望，对于已经可以长生不老的现实，最终每个人都放下了道义的面具，还是选择要永世生存下去。

另一种声音提出，既然生命从诞生到死亡都有一定的随机成分，那不如用抽签来随机决定生死去留，到了一定的年龄，也可以是二百岁，通过概率来随机进行生死判定。但很快这个提议也被否决了，因为既然人类已经挣脱了死神的桎梏，何必自己作茧自缚，重新把死亡这个恐怖枷锁再度套在身上，而且还是俄罗斯轮盘赌这样更增加恐怖感的残酷方式。

也有一种声音建议，采用生死置换的方式，要想获得一个新生命，就必须牺牲掉一个永生的生命，颇有点一命换一命的悲壮。但是这个建议也被论证并不可行，基于人类的自私本性，为他人做牺牲显然还没高尚到那种程度，即使是给自己的血缘后代让路。

还有的提议说，干脆把魔灵菇一号的配方永久销毁，现有药品倾入大海，停止所有关于抗衰老的研究，就当人类从来没有遭遇过永生这回事，就像禁止克隆人技术一样，把永生的诱惑永远封禁。但是，这个提议被否决得更快，潘多拉的魔盒既然已经打开，人类面对唾手可得的长生不老愿望，就这么自废武功轻易抛弃，岂不是对自我生命的亵渎和不自信？

最终，所有的想法都归结为一个本能的认知：好死不如赖活着。

既然，人类无法放弃永生的事实存在，那么这个问题就不能讨论。剩下的，就只能是在这个大前提下再考虑有没有可行的方案了。

灯火通明的地球永生联盟大会议厅内，一片人声鼎沸。

关于如何对待永生人口的问题，已经进行了七天的开放式研讨，经过各种意见的充分释放，总体上达成了几个基本的共识：永生人口的生活模式必须受到限制，不能无限度地纵欲狂欢，对资源的消耗要受到控制，以应对人口数量激增后的资源窘迫；永生人口的身体需要得到严格的保护，必须能够确保绝对避免病毒细菌和意外伤害等侵扰；永生人口不能参与社会活动，最好待在家里不出门。

一时间，会议又陷入僵局，如此限定的条件，恐怕很难达到。

"那就还让他们继续去死！"角落里突然响起了一个尖厉刺耳的声音。

众人循声望去，原来发出这个大逆不道言论的是一个面色苍白的青年学者——戴着黑框眼镜，内穿羊毛衫，外罩立领黑大衣。此刻他正从座位上离开，在众人斥责的目光注视下，缓步走向发言席。

"不是真的死去，而是换一个地方活着。"站在发言台上，青年学者接着说出了他匪夷所思的构想。

"把永生人口进行集中供养，同正常社会暂时隔离。这样可以用最小的资源消耗供养永生人口，同时对现有社会的影响为零，客观上与在人间死去没有什么区别，社会运转依然能保持正常的节奏。等到人类生天计划成功，可以实现外星移民的时候，再让他们重新回归。"

会场内一下子又像炸了锅一样，各种惊呼、嘶喊此起彼伏。

"这叫什么事儿？"

"也太极端了吧？"

"我们不是要搞集中营那一套吧？"

青年学者的面色更加苍白了，但是声音却无比平静："这不是一个道德问题！抢占道德制高点对于解决实际问题没有丝毫意义，我们还是务实一些吧。请问，养老院集中养老在实质上不也是这样吗？我的构想只不过程度不同，无非再严格一点儿而已。"

喧闹的人群顿时哑口无言，一时的激愤过后，平静下来的人们似乎隐隐感到，这或许是一个可行的方案，要想永生，必须付出某些代价。

最后，联盟又召集了人类学家、生命学家、生态学家、物理学家、生化学家、天体学家、建筑学家、艺术家、文学家等进行进一步研讨，又经过各个国家的政治家们的权衡度量，以及商人、金融家、法律界人士等人的评估推演，综合考虑各种变量因素之后，肯定了这个大胆的天才设想——把取得永生的人口从现有的人类生态圈里"剔除"出去，进行集中供养！

方案的基本构想是：把永生人送入一个洁净无菌的分隔封闭环境中，喂服经过科学调配的营养液，营养液提供必要的身体所需能量，这样既能做到最低限度的人体资源消耗，同时含有免疫调节、抗病毒等微量物质，又保证了身体不被疾病侵袭，以及同现实社会隔离，不破坏正常的社会人际伦理的运行。

在充分论证各方意见之后，地球永生联盟在2203年进行了表决，通过了这个看起来有些极端，但是细想也只得如此的惊世骇俗的方案。

方案的制定也是出于一个显而易见的基本事实，即使没有衰老停止技术，本身随着人类寿命的迅速延长，人口老龄化已经给整个社会秩序带来了诸多的问题。谁都不能不承认这个事实，老年人口增多增加了全社会的负担，会拖慢整个社会的发展速度。有很多家庭，已经出现了老看老的现象。

所以，基于这个因素的考虑，即便是为了解决老龄化问题，永生人口也必须被从现实的社会生活中带离，才能保证不破坏正常的人类伦理秩序。

具体的计划是选择在全球人迹罕至的山峰、沙漠、荒岛、冰原，修建永生人集中管养堡垒，堡垒的建造要充分考虑做到无菌、防病毒、防射线、防空气污染，断绝与生长人的生态联系，把永生人送入隔绝堡垒里进行集中管养。

这个计划一举多得，堪称是人类文明史上最成功的生命对策。

另外在具体执行上，为了避免此后由于私欲冲动可能引发的逃亡等行动，鉴于人类无法破除自身思想境界困于人情等的局限，决定将永生人在生态隔绝堡垒的生存秩序管理权交予十三位国际科学家共同研发的超级量子计算机管控体系——"宫"，来统筹进行资源分配和身体维护。

随后，地球永生联盟召开新闻发布会，向全球宣布了这个方案。

黑眼睛黑头发的东方美女新闻发言人没有使用那种令人生厌的播音腔，而是以低沉、略显粗哑的陈述语调发布了这个信息。除了决议内容之外，特别强调集中管养采取自愿原则，接受决议要求的可以获得魔灵菇一号，实现长生不老，同时进入堡垒；不接受决议要求的则不会被给予魔灵菇一号，在现实社会走完正常寿命。

美女新闻发言人说完后，进入记者提问时间。

现场一度沉默，对于这个事关全人类生命的震撼性决定，即使事先已多少得到了一些消息线索，大家也仍需要反应一段时间。

不久，一位体格粗壮的中年男记者举手发问："请问，永生人在堡垒里的生活怎么安排？是不是会被当作缸中大脑一样被喂养？"他试图让沉闷的气氛活跃一下。

美女发言人没有理会男记者的幽默，表情严肃地回答说："必须明确一点，我们不能忽略的前提是，这样做的目的是寻求外星移民的过渡性措施，为了人类的永续发展，必须付出一些代价。"

随即，她莞尔一笑："堡垒里的生活，会很精彩的。"然后，结束了这次新闻发布会。

八

"所以，您就是这样来到了这里。"如铭也恰好结束了对漳鸿钧的背景讲述。

"说到这里，还要提到一件事，您的年龄。"如铭说道，似乎是要验证一下漳鸿钧的记忆反应。

"我？八十六岁了。"漳鸿钧清晰地回答，同时确定地感到自己的全部记忆都已经恢复在脑海里了！

记忆闪回里首先出现的画面，是一个白发老者正在和家人做着道别，大家的神色都很严肃，有几个女人的眼里还泛着泪花，有小声的啜泣声，那个老者正是自己。

"之所以要提到年龄，"如铭的话打断了漳鸿钧的回忆，"我们继续说永生的年龄。在衰老停止药诞生之初，自然出现的局面是，什么人在什么样的年龄接触到魔灵菇一号之后，都想马上服用以实现永生，这是人之常理。"

漳鸿钧点头默认，是啊，获得永生，只争朝夕。

"这就出现了衰老停止药的滥用同样造成的社会伦理问题，八十岁、七十岁、六十岁、五十岁的人想要永生的心情和四十岁、三十岁的人是一样的，不用我说下去了。哪怕二十岁、十岁、五岁的孩子也有同样的永生心理。"

漳鸿钧赞同地点点头。

"在这个问题上，联盟没有费太大的劲，人类自然的存在心理决定，很快就达成了一致的共识，把使用衰老停止药控制衰老的年龄设定在八十五岁之后。"如铭接着说，"因为按照现时的医疗技术水平，人类的基本生存年龄已经至少能够轻松突破八十五岁，衰老停止药的出现，给人类生存兜了底，理论上讲，八十五岁时服用一粒魔灵菇一号，就能阻止因衰老而滑向死亡的进程。"

如铭话题一转："所以，每个人都想更多地体验一个从婴孩、童年、少年，到青年、中年、老年的完整过程，体验其间的爱欲、悲喜、进取拼搏、冒险尝试等人生滋味，都不想在还未到最后的临界年龄之前，就过早地使用衰老控制剂。而八十五岁，从人类几千年的历史发展来看，大略可以作为一个年龄锁定的合适时点。因为到了这个年龄，一般来说，该有的人生体验基本经历过了，是一个生理年龄和社会年龄综合平衡的最佳介入点。"

"当然，这是一个设定的最低年龄，具体掌握权还是要由每个人自己来行使。您是在八十六岁时开启的衰老停止控制。"

九

"八十六岁，是啊。"漳鸿钧默默地进入了回忆里同子孙们分别的场景。

作为第一代要进入集中生态隔绝的永生人，漳鸿钧和家人们对未来的永生生活充满未知，虽然联盟已经反复声明宣告过这种永生管控模式的合理性和安全性，漳鸿钧们也都明白这样处置，是为了更高远的那个目标——为了人类永生寻找地外空间的过渡安排。但是，真到了自己亲身赴约的这一刻，众人的心情依然是满怀忐忑。

按照联盟法案的条例规定，两名和如铭一样俊捷的"转运揭谛"，在定好的时间来到了漳鸿钧家的门前。为了维持这一法案的初衷——最大限度地不破坏现存社会的伦理秩序和风俗习惯，漳鸿钧的这一场"离别"，依然沿用了类似人间亲人去世的告别仪式。

祖孙三代二十三口人，全部衣着缟素，面色肃穆，大家都坚持着没有哭出来。一名转运揭谛宣读了永生人的管理告知："永生人漳鸿钧，我们是'宫'永生管理体系0735号转运揭谛和1568号转运揭谛。根据永生人生活管理条例第3条戒律，现欲对你执行'魔灵菇一号'派服和启动特别转运程序，这是互信承诺书，如果你阅读后没有异议的话，请签字确认。"

漳鸿钧快速扫了一眼承诺书，其实根本不用看，每个地球人都已经知道了上面的文字内容，基本意思就是：你将获得永生药，并且自愿接收宫系统的生活管理供养。

在众人关切的目光里，漳鸿钧在承诺书上签下了或许是自己在"人世间"的最后一个签名，接过0735号转运揭谛递上的那个神圣的长生不老药魔灵菇一号，一饮而尽。

随后他像睡着了一样，被转运揭谛抬入一具白色的棺材样式的转运舱内，又迅速抬上一辆标有大大的"宫"字样的白色转运车内，急速离去了。

十

至此，如铭对漳鸿钧的启智引导基本完成，漳鸿钧也终于完全想起了自己到这里来的前前后后，明白了这一切的目的都是那两个字——永生。

但是，被生态隔绝能够接受，可是眼下的处境，就这样似乎被固定在了床上，而且还被警告了不能出这间屋子，难道永生的生活就是一辈子被像猪一样喂养吗？

"这不真的就是成了'缸中大脑'了吗？"

看着这狭小的永生阁和要被禁足的设定，过了一会儿，漳鸿钧回过神来，想到了黑客帝国的镜头，有些迷茫地喃喃自语道："这也是没有办法的办法，第一当然是要确保生态隔绝的成功；另外也是考虑到资源消耗，这是比修建更多的养老院和居家养老增加后辈负担最经济的方式了。"如铭对漳鸿钧的脸色又转为了极度同情。

"虽然人类在食物开发方面已经取得了极大的进步，除了大幅改良提高农作物和肉蛋禽奶类产量，又成功合成了人工淀粉和蛋白质，电解水制氢技术基本减缓了石油、煤炭资源的消耗。但是一代一代永生人的喷涌而来，地球资源总量总会有耗尽的时候。"

漳鸿钧知道这是个不用算数就能推想出的简单数学问题。

如铭划开了右侧墙壁上叠化出的一块倒计时板，上面显示：

地球资源总储备量可用时间500.865年

距离预计实现外太空移民时间473.765年

地球总人口数量201.3456745亿

永生人数量75.3457821亿

新出生人口数量32.2783561亿

数字不停地跳闪，在持续不断地更新中。

光标下滑，进一步的信息会详细说明各项指标的具体情况，比如，人类目前对于外星系探索的模型运算进展。

"所以，在确定了人类永生永续发展的总方针——寻找外星球体以拓展资源空间进而实现外星移民的前提下，只能把目前已经获得永生的人们以这样一种看起来有些促狭的方式集中供养起来，以等待星际空间探索的成功，再回归到现实社会生活。当然，那时的生活也许是在某个别的星球上了。"如铭的目光深邃，同时随手把视频切换为了整个建筑的外景，在雪域阳光的照耀下，一个个小格子堆积而成的小山包一样的城堡无比壮观。

"这里一共有十五万间'永生阁'，集约式的群落聚居体安排，最大限度地压缩了资源消耗。全球还有六千个这样的建筑群，分布在人迹罕至的高原山峰。'宫'的核心计算力预计：在建造到一万七千个左右永生人供养城堡时，人类已经找到移居外星球的方法了，而到那时，也几乎到了地球资源耗殆尽的临界点。"

"看来，我也只能接受这个现实了，这可真成了装在套子里的人了！"漳鸿钧有些无奈地讪讪说道，迷乱间打了个不怎么恰当的比喻。

如铭没有理会漳鸿钧的失落，目光环顾四周徐徐道来："永生阁有最完美的建筑力学构架设计，能抗击超级暴风雨打击，十级强震、大洪水、核爆

等都无法撼动其分毫，即使太阳耀斑爆发烤灼了地球，内部也会是恒温恒湿、舒适如春。室内采用了最先进的生态环保科技，由氢能源提供动力支持，纳米级的空气过滤系统严格把各类病菌病毒隔离在外，地下水汲取循环利用系统确保自我生命的新陈代谢。"

"可是，那么，然而……"漳鸿钧似乎对于这间在他看来就是禁锢永生人的囚笼的卓越性能并没有太多兴趣，马上就转到对自己当下处境的具体关注上来，"我这一辈子，哦，几辈子，就只能日复一日地喝这种了无滋味的营养液，躺在床上终日无所事事，跟滚滚红尘就此绝缘？那些胡吃海塞、山珍海味、美女香车一概皆无了吗？这样的永生有啥意思呢？"一想到这样的可怕事实，漳鸿钧口不择言地吼叫了起来。

"不，不是的，不是您推想的那样！您先别急，宫主人的考虑很周全，除了对那些难题的应对，也全面兼顾到了人类的基本正常生活欲求，从生理需求到社会需求。"如铭没有马上解答漳鸿钧的疑问，接着说下去。

"那，能尝遍四方美食吗？能畅游大好河山吗？能泡妞逛街打游戏吗？"

"嗯，当然，这些都是最基本的。"如铭极认真地回答，丝毫不在乎漳鸿钧略带调侃的诘问。

"那我现在就想吃碗九转大肠。"漳鸿钧被那个什么菩提液古怪的味道搞得很恶心，想尽快用美食把肠胃的感觉给中和一下。

"然后，我要去九寨沟玩。"漳鸿钧一直都没实现的旅游愿望此时蹦了出来。

"好的，九转大肠您很快就可以吃上。"如铭声音的金属合成感，使得在这个食物名称的发音上显得很别扭，"九寨沟您也会很快就会去到的。"

"哦，是吗？这么容易？"漳鸿钧觉得似乎是在跟一个智能玩具娃娃进行玩笑对答。

"当然，对于永生人的生活，宫主人早就设计好了一个完美的解决方案！"

十一

"啊？那是什么呢？"

漳鸿钧无比迫切地想知道，自己的未来永生生活是个什么样的设计。

如铭像是卖了个关子，又没有立刻解答漳鸿钧的疑问，再次拉出了输送菩提液的管子。

"哦！是得吃点儿东西了。"经过了这么一场触及灵魂的谈话，天色已近夕阳时分，漳鸿钧的肚子也饿了，也顾不上是不是像猪一样了，任由软皮管子把自己喂了个饱。

"很快您就能感受到大快朵颐的美食滋味了。"如铭笑着说。

"就喝这个蟑螂水？"漳鸿钧吃饱骂厨子。

"是的，酒肉穿肠过亦如粪土。"如铭没有把话点透，戏谑地拽起了佛法，"清水入口也珍馐啊。"

两人正要贫下去，突然，似乎从屋顶斜远方传来一声如身体被肢解一样的惨叫，让人听起来耳根倒竖，浑身发冷。忽而，又一阵儿似乎极度快活的大笑朗朗传来，笑得同样让人毛骨悚然。

漳鸿钧感受到了极大的骇异，仰头看如铭，如铭只是微微一惊，但身形

早已迅捷闪动，整个身体的组成颗粒在漳鸿钧面前急速坍缩，瞬间消失不见。

漳鸿钧陷入莫大的恐惧当中，再度担忧自己是被裹挟入了一个诡异的骗局，再次想从床上脱离，发觉身体还是和床板连在了一起。

他仔细研究了一下，此时才发觉，自己身上被穿上了一件又薄又紧的类似皮肤衣的东西，手臂处和臀部、大腿、脚后跟被安上了接触金属片，和乳胶板的床板紧紧连在了一起。后脑处被箍上了一片小皮帽子，绕过颈下有几根传感导线深入到了床板深处。嘴角两旁伸出了两根裸露金属丝，似乎能在外力引导下随时靠近嘴部。

漳鸿钧联想到了很多听闻的器官买卖案例，可是，面对这种手无缚鸡之能的状况，让他也只能躺而待毙。

一会儿工夫，如铭的身形颗粒又逐渐聚拢为了全息影像，重新站在了漳鸿钧面前，似乎是处理完了外面的"事故"，对漳鸿钧说道："一桩小意外。"没有做更多的解释。

"无须担心，宫主人安排的永生生活是绝对安全的。今天先到这里吧，您好好睡一觉，明天我们将开启您精彩丰富的永生生活新时代！"

第二章
初入元宇宙 /

一

漳鸿钧再次睁开眼睛的时候，时间似乎并不只是流逝了一个晚上，他感觉从来没有睡过这么长的觉，嘴角的口水都流到了身上。

他感觉身体里有着一种极度舒适的快感，就像无意间沉睡过后醒来，感觉每个关节都被重新捏合了一遍，每一个细胞深处都散发出慵懒的气息，心底里泛着莫名的欢喜。

他伸了个懒腰，才吃惊地发现，原来跟床垫紧紧连在一起的身体，现在能够分开了！

自由来得有点出乎意料，他不敢相信地再次动了动腿脚，确信自己的身体已经完全能够随意活动了。

"早晨好，阁主。"如铭的问候和身形影像同时出现在漳鸿钧面前。

此时对于漳鸿钧来说，如铭的俊颜已经被当作自己人一样的亲切了。

"我能下地活动了吗？"

"当然可以，阁主，这就是您的地盘啊！"如铭充满笑意。

漳鸿钧兴奋地跳了下来，在阁子里快速地转了个圈，虽然空间很小，但是能够自由走动，还是让他感觉有一种被解放的舒畅。

"我还是不能出去?"

"对的,阁主。"

"哦,好吧。如铭,我睡了有多久?"漳鸿钧稍有沮丧,但很快就调整了过来。

"16天零17个小时51分。"如铭的精确回答表明了他的机器思维表达方式。

"啊?!是吗?"

"嗯,对您使用了一点儿休眠干预,因为之前发现您的过渡反应有一些敏感。为了保护您的大脑皮层白质细胞和左脑胼胝体,避免过早兴奋产生异常畸变,便于更好地进入下一步的永生生活,就决定让您在休眠中度过'灯塔水母'回突期。"

"灯塔水母?这是什么妖怪?"漳鸿钧记得已经多次听到过这个名字了。

如铭调出了视频,画面里出现了一片海洋,漂浮着许多伞帽状的生物。

二

"哈，不是妖怪。是在魔灵菇一号的鸡尾酒成分组成里负责生命逆转的一种物质，于生长在加勒比海的一种小型水母——灯塔水母身上提取。这种水母体内有一个神奇的现象，到了一个成熟时间点时，能够重新回到水螅形态，之后随着时间生长，它又能变为成熟体。从理论上来讲，该过程可以没有次数的限制，它们可以通过生殖与分化获得无限寿命。"

"这大概就是返老还童吧？"

"可以这样理解。人类最初的永生研究就试图获得这种本领，但是经过无数次仿生学实验，最后的结论是，人类无法全部具备灯塔水母的完整复归能力，只能实现其中的很小一部分，对于其他类似自然生物比如蝶类、虫类的仿生研究也都遵循了这样的原则。所以，最终的人类抗衰老技术，放弃了单一路线，把这些能力综合纳入到了鸡尾酒配方里。"

"但是，这一小部分能力还是能体现出来一些吧？"

"嗯，这就是我最开始说的，在您身上体现的灯塔水母效应。当服下魔灵菇一号之后，在衰老停止的同时，会出现一个瞬间的逆生长过程，您的相貌会小幅度地倒回去一些。"

说到这里，如铭两个食指合拢又分开，漳鸿钧面前出现了一面镜子，镜子里映出了一张看起来四五十岁，但又显得有些年轻、活力的中老年男人面孔。

漳鸿钧有些恍惚地看着镜子里的这张脸，似乎是自己年轻些的模样，但是又好像不是，说不上来哪里有一些怪诞。心里明白自己确乎已是一位古稀老人，可是又分明能感受到身体内的一股活力在汹涌澎湃。

"不用怀疑，这就是您自己。"如铭收起了镜子，"是灯塔水母那一部分的返老还童效应在您身上起的作用。"

如铭莞尔一笑："当然了，什么东西都不是白来的啦，灯塔水母的一个副作用就是会让您的近期记忆短暂丢失一段儿时间。"

如铭顿了一顿："不过，经过这一场休眠，此时您的记忆应该已经全面复原了。"

三

"八十六岁，不，您现在得按四十五岁的状态来定义自己了。"如铭欣快的语气又打断了漳鸿钧的回忆，他明白，此时自己的选择已然是在单行道上运行了，开弓没有回头箭，关注当下才是最紧迫的。

"是啊，我是四十五岁的身体，还是一副强健的体魄。"漳鸿钧走到健身器旁，搭上双杠做了十个曲臂支撑，满意地摸了摸多年坚持健身练就的肱二头肌。

"来，如铭，小伙子，要不要掰个手腕儿？"

"哈，阁主好身板！对付一般人绝对没问题。不过，我不想打击您，我是AI，您掰不过我的。"如铭微笑说。

漳鸿钧也笑了，体会着自己重又年轻的身体状态所带来的欣喜。

但同时，更深的惆怅和忧虑，马上驱散了返老还童的快乐。此生余下来的时间，就这样像一个废物一样，终日在这间狭小的笼子里度过吗？

"唉，纵然有着三十岁的心脏、年轻人的身体、无穷的精力和活力，又有什么用呢？"漳鸿钧不禁长叹了一口气。

"阁主不要这样想。"如铭像是看出了漳鸿钧的心思，"您这样的心理其实是建立在一个不成立的事实基础上。"

"哦？那是什么呢？"漳鸿钧愿闻其详。

"哈，说来也正常，在谈到永生的时候，一直都有一个荒谬的假设，每个人都当然地认为，只有自己永生，或者只有自己的亲人，最多再扩展到一些经过自己内心认可的人，比如最好的朋友，等等，只有这些人才能永生。"如铭转了一个身，继续说，"这样当然好啊。"

漳鸿钧暗问自己，确实是这样的心理。

"这是绝对不成立的！"如铭斩钉截铁地说道，"现代文明社会是不会容许这样显失公平的事情出现的，所以你也看到了地球永生联盟早就制订了第一条法案：'永生权属于全人类，每个人都应该获得永生的权利。'"

漳鸿钧点头表示没有质疑。

"所以，全人类的永生，就不能只是某些人永生，而大多数人受制于寿命极限。因此，永生之后的生活，也不可能是一个人永远不死，而看着无关的人逐渐衰老死去，而自己和自己在意的人一直快乐地永生于世上，享尽人间快乐，永无休止。"

漳鸿钧惭愧地低下了头。

"那？好吧，我错了！"

"不必检讨自己，人都有渺小的一面。"如铭的话语威严了起来。

"但是，我如此年富力强的永生身体，也就只能在这间鸽子笼里被终身囚禁了？"

"不！当然不是。"如铭的眼睛放光，无比肯定地说，"宫主人为你们设计好了极其精彩丰富的人生，您将在这里乐不思蜀，未来的日子您将会有波澜壮阔的无限风光。"

"可是……连门都不让出，到哪里去搞啥子波澜壮阔呢？"漳鸿钧还是排解不了心中的块垒。

"元宇宙！"

如铭如同抛出一个预想着能有核弹爆炸式震撼的概念，像逗弄孩童一样看着漳鸿钧的反应。

"元宇宙啊！"漳鸿钧并没有呈现出如铭期待的如获甘霖般感激涕零的表情，对于这个在21世纪初就开始热起来的玩意儿他并不陌生。

"对，不过，'宫'的元宇宙不同于您之前玩过的那些由几个科技公司建立的数字模型！它是22世纪中期，永生技术实现之后，联盟最后整合的、全球统一授权的全联盟由'宫'统一管控的超级永生生活时空。"

如铭划开了视频，开始详细介绍。

这个永生元宇宙是一个巨型地球全生态模拟，包含35000兆PB数据的模拟设定，它带有2000万兆单独渲染的动植物、1200万兆的栋建筑和数以兆亿计的动态城市乡野功能……

"早期的什么头盔技术早已被全身模拟交互神经元传感器取代。"漳鸿钧想起了自己身上的那层皮肤衣，原来是干这个用的。

"我们不用脑机接口，那是一个搞电动车的家伙曾经弄的复杂玩意儿，反复插拔太粗暴的话，电流激荡会损害脑白质。我们利用意识流量子纠缠，通过超薄体感模拟神经元来传送加密隐私信息，让您的元宇宙进入得更加丝滑无感。"

漳鸿钧这才想起来摸了摸后脑勺，顺溜的头发下是完整的头皮，确实没有那么一个可怕的插槽接口。

"全沉浸的视觉触觉体验，更加丰富到了味觉、嗅觉以及各种生理情绪波动，通过对真实世界的各种生态信息搜集跟踪，我们建立起了数百万个根据现实世界的各个不同历史阶段等比例数字重建的生动场景。同时，把地球上气态的空气、液态的江河湖海、固态的山石冰雪、不断演化的生命体，用数理方程式编写成了近百个生态圈的计算机代码。所以，从建筑、气候、动植物到地形地貌以及自然现象，等等，您在‘宫’的元宇宙里所体验到的一切同您在现实生活里体验到的完全一样。”

似乎是想到漳鸿钧起来后还没有进餐，如铭又拔出了那根管子，漳鸿钧本能地有些抗拒。

“说实话，我知道这个东西实在难喝！这是由单细胞蛋白质加氨基酸、微生物、矿物质，以及维生素和免疫抵抗剂混合配制的生命维持液，仅能提供基本的生命能量供给和确保不得病而已，全部材料都来自人工合成，自然生长的食物都供给现实社会的人了。”

漳鸿钧有些默然，虽然明白这样做的意义，但是又有一种说不出的失落感。

“没关系的哈，以后在元宇宙里，您喝到的就不再是这样的味道了。其实，视觉、触觉、味觉、嗅觉，都不过是大脑处理过的生物电信号，我们通过神经交互模拟系统，采用部分味觉神经阻止、引入模拟数字味觉的传感方式，让您在喝菩提液时体会到的可能是咖啡、奶茶甚至酒的美妙滋味。”

“啊哈，是这样的啊！”漳鸿钧转而释然，毕竟86年的人生历练，不像年轻人那么纠结执着，甚至都有些蠢蠢欲动了。

“另外，您还记得之前听到的那些可怕声音吗？可不是在电锯活人摘器官啦！”原来如铭一直知道漳鸿钧的疑惑，“都是进入元宇宙的一些场景体验。可能阁子的隔音系统有了一点儿问题，我用了一些复发膜粘贴，现在已经处理好了。”如铭解开了漳鸿钧之前的疑问。

“来！我们进入永生元宇宙。”

四

如铭带漳鸿钧回到床上躺下，漳鸿钧这时突然发觉自己刚才一直是赤身裸体地面对如铭，不免有一些羞涩。

如铭却似乎什么也没感觉到，帮漳鸿钧捆上了那件皮肤衣，皮肤衣的尺寸完全是为漳鸿钧的身体量身定制，每一处都贴合得严丝合缝。之所以是捆上，是因为这件皮肤衣的后背部分是和床连在一起的，而这张床严格来讲也不是通俗意义上的床铺，更像是一个接触操作台，从床脚处可升起一块操作面板。

如铭又帮漳鸿钧戴上了一副柔软材质的薄薄的面罩，在操作面板上揿了一下，瞬间漳鸿钧感觉似乎又被催眠了一样，进入了一个心情无比松弛的状态，似睡非睡地在穿越一个高速后退的隧道，大约过了五分钟，就像变戏法一样，眼前突然一亮，自己和如铭已经走在一条两旁满是梧桐树的林荫道上。

“这是民国十七年（1928年）的上海，那边是城隍庙。”如铭随手指向一片建筑，漳鸿钧看到自己和如铭的身上都是一副民国风的打扮，如铭身着中式对襟短衫，一副利落的精壮少年扮相，自己则是一身合体的长衫。

"这些都不是真实的衣着。"如铭说，"我们在这里的一切都是虚拟出来的。但是通过神经传感处理，在这个时空里，又都是真实的。"

漳鸿钧点点头，表示这个概念不难理解。

"这次元宇宙旅行，我们先进入一个比较简单的时空体验。"如铭带领漳鸿钧进了城隍庙左边侧翼的一条长廊，绕过一片水池，来到湖心亭的一个饮食铺子旁，找了一张条桌坐下。

"来份儿南翔小笼包尝一尝吧？我想您喝菩提液已经腻歪透了吧。"如铭有些歉意地一笑，同时招呼来了伙计。

伙计青衣小帽地笑嘻嘻地迎了过来："大哥好，还是要体验份儿的？"

"嗯，再来份儿火腿小粽子，外加一壶黄隆泰的西白秋芽，还有，五芳斋的赤豆糕也来一份。"如铭掏出五个铜板递给了伙计。

"他们都是NPC。"如铭指着伙计和远处游玩的行人，"我们叫他们'伴玩揭谛'，这个体验时空的'伴玩揭谛'都是和善类型的，没有攻击性。"

很快饮食端了上来，漳鸿钧也不客气地大快朵颐起来，喝了两天"菩提液"，口里早淡得不行了！如铭偶尔动一下筷子，更多只是陪漳鸿钧坐着聊天。

"怎么样？味道如何？"

"嗯，很地道的老上海风味啊。"漳鸿钧感觉从色香味到入口的口舌体验，都是真实的美食享受。

"其实，此刻的你还是在永生阁里喝菩提液。在原子层面它们的成分都是一致的，只是触发的神经感应不同，关键在于神经调味。"如铭有些坏笑地说道，"没关系的啊，你思故你吃，你吃到了什么它就是什么，你尝到了什么滋味它就是什么滋味。"

漳鸿钧停下了筷子，呷了一口茶，若有所思。

如铭又岔开了一个话题："您看我刚才给了伙计五个铜板，在永生宇宙

里，也都是要执行基本的社会经济规则的，这次就是我请您了，这也是从我的活动经费里出的。"

"每个进入永生宇宙里的人，初始财富都会给一个基本的数值，体现人人平等，比如您的账户额度是一千个永生币，根据不同年代进行等比切换。"

"今天我们只是吃了一点儿简单的小吃，要想去新亚大酒店吃大餐，很自然这点儿钱就不够了。"

"所以，一千个永生币只是保证您在永生宇宙里的最低限度生存，吃粗茶淡饭，穿粗衣麻布，住片瓦陋室。而要想提高生活档次，丰富社会交往，就得想办法使自己的财富更多。"

"有两个途径，一是您在现实社会的积累可以输入折算，包括您名下的存款或者由您的后辈给您孝敬，在每年农历的七月十五通过系统打入您的户头。"

"啊？鬼节啊！这还是把我当成'死人'了啊！"漳鸿钧伸了伸舌头。

"哈，这是永生元宇宙的幽默。"如铭接着普及基础知识。

"二是，您要把永生元宇宙完全看作是真实社会，您同样可以通过工作和劳动，靠双手和智慧赚钱。比如您看那里有很多洋行就正在招人，码头上随时都需要装卸工，根据您自己的特长、优势，选择合适您的活儿，挣钱糊口不会太难。"

五

场景一换，如铭和漳鸿钧又来到了民国四年初秋的北平，不远处的一大片胡同灯红酒绿，歌舞笙箫。

"那里就是著名的八大胡同，民国文人浪子们销魂的地方。"如铭斜眼眯笑着对漳鸿钧说。

转过一个弯，二人停在了一个匾额为"云吉班"的清吟小班门前，门板半掩，往里面望去，隐约可见在二楼楼梯的栏杆旁，有一名清丽孤矜的女子手握一把团扇，身形斜倚，似乎在等待什么人。

"那是小凤仙。"如铭回头对漳鸿钧说道，"不过，即使我把兜里的钱都掏空给你用，她也不会理你的，因为你今天的身份设定不是蔡锷。"

漳鸿钧发觉自己的衣着竟然还是一副落魄书生的模样，全然没有西装革履的留洋将军的英气。

"哈，系统忘了切换服装了。"如铭在头顶处击了一下手掌，瞬间漳鸿钧的相貌和穿着完全按照所记载的蔡锷照片形象变化出来了。

远处的小凤仙似乎被电击了一样，眉目间立即顾盼生辉起来，马上就要作势下楼，迎将下来。

在漳鸿钧错愕之间，如铭抢先一步，对小凤仙出示了一枚乳白色的玉璧，小凤仙立时嗔笑地伸手一指如铭，收住了莲步。

漳鸿钧的服饰相貌又很快转了回来，一切恢复如常。

"怎么样？不会再觉得在永生阁里只是无聊等吃了吧？"如铭有些卖弄地问漳鸿钧。

"哈，还真是气象万千啊。"漳鸿钧能想象得出还未探索的广阔场景。

如铭收敛了戏谑的神情，严肃地说道："元宇宙的设计，还要记住它的一个重要考虑，依然是资源消耗，它将让地球资源的消耗减少到极致。比如刚才的两个场景，如果您在现实世界里，一切景物都要有实实在在的触感和重量，一切的吃喝玩乐等动作变化，都需要花费大量的地球资源。"

如铭双手击了一下掌："而在元宇宙里，各种欲望都会被无限满足，而最大的消耗可能仅仅只是几度电而已。"

漳鸿钧有些似懂非懂，不过倒是很期待在元宇宙里尽情享乐一番。

"哈，回头您自己随意选择角色玩吧，不过，青楼虽好，不是男儿久留之地，阁主不可过分贪色啊。"如铭似乎看透了漳鸿钧的心思，又回到刚才的场景情节，不无揶揄地说，"那边还有大烟馆，不建议阁主成为瘾君子啊。"

如铭又带漳鸿钧体验了几处时空场景，在实际感受中告诉了漳鸿钧永生元宇宙的一些基本玩法。

"任何时期、任何场景您都可以进入。"

随后，如铭骄傲地将话题一转，隆重推出了永生元宇宙的一个独特设定。

六

"时间骗局！"如铭语出惊人。

漳鸿钧听到也是一惊，莫非这里头还是有什么猫腻不成？

"您不要惊慌，这是我习惯的一种表达而已。"如铭平静下来。

"时间其实是不存在的！在您的早年生活世界里，这个概念已经不算太新鲜了。根据爱因斯坦的相对论可以推定，如果时空运动达到光速，时间就会停止甚至时空倒流，这就是那些年间非常流行的穿越文化。而实际上，实体物质的穿越不可能实现，因为加速到光速之后，物体的质量会变得无穷大，另外所需的能量也是一个巨大的数值，集合全部人类能量总和也不够。所以，在同一空间界面，倒回旧时代王朝升级打怪、充满爱恨情仇的开挂人生都是意淫。"

漳鸿钧非常赞同这个说法，早年间被那些穿越文烦得不行。

"而在永生元宇宙，宫主人却巧妙地解决了这个问题。一般的虚拟游戏，都是1∶1的时间相对比例，也就是说我们这样在旧上海和老北京的一天，等同于您在永生阁的一天。而经过宫主人的时空借用，这个比例可以变为1∶12。具体来说，我们在这里过了一天，才相当于永生阁里的两个小时。"

漳鸿钧点点头，心想这样一来甚好，既玩得爽，又不费多少时间，早有这个设计的话，以前青少年因为玩游戏导致的不眠不休的沉迷状态就会好很多。

"宫主人是如何做到在这一点的呢？其实只不过是在意识上建立了一个思维互换模型而已。因为永生元宇宙的构造都是精微到了量子颗粒，所以不需要人体加速，只是相对地让元宇宙的粒子世界进入光速就可以了，这样一来，时空逆转等就都是随随便便的事情了。"

漳鸿钧似懂非懂。

"阁主无须对这个问题思考太透彻，您只要享受其间的便利就可以了。我们只是欺骗了一下时间而已。"

七

　　"另外，永生元宇宙的场景分为三个类型，一是像这样的专题场景，您可以选择美食、旅游等吃喝玩乐、极奢其欲的地方，或是弥补您在现实世界的人生错过，比如学会高山滑雪等技能；二是历史朝代的完整进入，您可以去大宋，和包大人一起断案，诸如此类的深度参与；三是情感思想的历练，您可以再次启动心动恋曲或者参悟人生至高境界的性理。"

　　如铭说这些的时候，二人已经又回到了永生阁里。

　　"还要明确一下进入永生元宇宙的意识浸泡模式。"如铭又调出了视频显示屏，"分为两种方式，一种是像常规打游戏一样的，本体意识全带入，就像我们刚才的游历，在元宇宙中，您清楚地知道自己是谁，也就是本我唯识没有迷失，在元宇宙里获得的感受、积累的技能一直都会加持在您的真实意识里，这种方式适合短时间的专题场景；另一种方式是忘我投入式，您也可以把它理解为像是'投胎转世'，进入元宇宙之后，您不会知道自己是谁，只有简单的虚拟身体基本意识功能和部分自主神经波动，然后随着身体成长，您的主唯意识才会随之建立，当您结束元宇宙回到永生阁时，才会把前世今生联系起来。这种方式适合超长时间浸泡，例如经历一个完整人生长度

的历史朝代场景，因为我们的神经感应服务器空间存储宝贵，所以只好采用这种方式。"

说完这些，如铭似乎炫耀般拿出了那块白色玉璧："这个是退出符，不过这是我们揭谛们专用的，您无须使用实体的退出符号。从元宇宙退出也有两种方式，一种是在您清楚知道自己的情况下，可以使用咒语退出；另一种是在全意识浸泡情况下，我们也沿用了人世间的退出模式，就是——死亡——GAMEOVER！"

接下来，如铭告诉了漳鸿钧PCC玩家的退出咒语："您记好了，退出咒语是'证玄静 灵化明'"

"这咒语颇有禅机啊?"漳鸿钧暗自思索。

"不管它了，总之您记住就行，万一出差错了，还有最后的解救急令，那就是直接呼叫我就好了。"

如铭又指了指那套健身器材："这套设备，您其实没必要练得太勤，所有的练习动作和肌肉感觉，都可以在元宇宙里实现，比如到清代武馆举举石锁什么的，锻炼效果经过电神经元刺激也同样可以达到。之所以放在这里，是为了让你感受真实世界的运动原力，跑步机我原本是建议撤掉的，考虑到您一直有跑步的习惯，就保留了下来。您可以偶尔练练力量，但是，有氧运动不宜多做，因为人体衰老的过程实际上就是细胞被氧化的过程。我们的衰老停止药里原本就有抗氧化的成分。"

如铭点开了头顶的天窗说："而至于这里，每个月会强制您打开一次，白天晒晒太阳，补充钙质，晚上晒月亮。"

"晒月亮?"漳鸿钧有点想笑。

"哈，这也是我们按照中华养生文化进行的独特设定。太阳为至阳，接受太阳光对人体的阳气运行至关重要，现代人大都懂得这个道理；而人体除了养阳，其实养阴也同样重要，滋阴方能更好地壮阳，而月亮的存在就是为人类提供的最佳采阴之道，可惜太多人不知晓其中的奥妙。"

　　说完之后，如铭似乎也松弛了下来："好了，我的启智引导也完成了，要进入永生元宇宙，您就按动虚拟面板上的对应按键即可，很简单的标志，一看就明白，对您来说没有障碍。需要我的时候，您随时呼叫我。"说话间，如铭俊朗的面容开始散裂开来，身形渐渐隐退，但突然又重新聚拢在一起。

　　"对了，还有一件重要的事，您可以随时接受查看来自现实世界的实时信息，也可以随时'回家看看'，到您现实世界的家里看看后辈们的生活状态，不过，这样的探望是在虚拟技术的支持下进行的，您的影像是'漂浮'在他们中间的，也就是说只能观瞧，不能介入，基本的原则还是为了不破坏现实社会的伦理秩序。"

　　"啊？他们想我了怎么办呢？有事烧纸吗？"

　　如铭没有回答，伴随着一阵笑声，全息影像消失在无形里。

　　漳鸿钧的永生元宇宙，可以一个人任意地开启了。

第三章
元宇宙里快活多

莫尔斯教电码

一

"先从哪里开始呢？"漳鸿钧在只有自己一个人的永生阁里先让一直高速飘荡的思绪清静了一会儿。

从签下永生人生活管理协议到被送入永生阁，接着就是密不透风地接受启智引导，除了睡了一个长觉，又着急忙慌地跟着如铭去体验永生元宇宙，还被灌输了一大堆背景知识和各种注意事项，漳鸿钧觉得有必要松弛下来，把思绪理理清楚。

从目前的局面看，看来自己的永生确实已经成为现实，至少活上几百年的时间是没有问题的了，而同时接下来漫长的人生时空也只能接受被局限在这个小小的永生阁里。不过，有了永生元宇宙的周到设计，似乎未来的日子也不会太难过。人生百态，即使万般作妖，最后也还不就是身外之物纷落尽，只存一个心里的感觉吗？

好吧，既来之则安之，岂知此处没有无尽乐趣呢？时光无限，人生无极限！想到这里，漳鸿钧的心中反而充满了无穷的欢欣，从此再不受岁月的催逼了，把想干的、想玩的、想体验的，都尽情地来一遍吧！

"先吃几顿好的！"漳鸿钧脑海里浮现出了至少十七样立即想要吞进喉咙

的美食，十七种食物味道的刺激联想马上布满了整个味蕾。以前由于健康考虑，对食物要求极为苛刻，让自己的肠胃受了不少委屈，从来不敢放开肚皮大吃特吃。而今，反正也弄明白了，不管在元宇宙里怎么胡吃海塞，也不过是在永生阁里喝菩提液而已，确保健康无忧。"酒肉穿肠过，滋味口齿留。"想起之前如铭的调侃，漳鸿钧觉得甚是贴切。

他毫不犹豫地捆好了皮肤衣，按下了面板上表明主题场景的白色按键。奇怪的是，什么反应也没有出现。漳鸿钧刚要呼叫如铭，看到面前突然隐出了一屏字幕，同时伴随着一个中性声音的播报："请确认您的永生币账户数值，到目前为止，您的永生币数值为3130000元。其中包括系统初始赋值1000元。3129000元是家人系统外注值。"

"哇！孩子们对我太好了，把我留下的几乎都给我注值了，足够我大造特造的！"漳鸿钧在退休之前是一名古建筑修复师，这个行当是越老越吃香，一直以来的收入就很丰厚，退休后自己想闲也闲不住，几家古建企业又争着返聘他，开出的薪酬相当可观。况且他的家底本来就很殷实，这些钱数和他的价值付出也是相符的。

确认完永生币账户数值之后，字幕消逝，永生阁里暗了下来。漳鸿钧又经过了五分钟的那种隧道飞行，睁开眼时，发觉来到了一间白色的像飞行客舱的房间。

"您好，永生君。"一个像如铭一样的人工智能迎了上来，"欢迎您开启第一区永生元宇宙之旅，我是这里的接引揭谛，您想进入哪个专题场景呢？"

"吃！"漳鸿钧没有丝毫的迟疑，脱口而出。

第三章 元宇宙里快活多

二

"快！赶紧启程，如果够快的话，您刚好能赶上济南九华楼老于杠今早亲手焖制的第二锅九转肥肠，这会儿应该正在上第五遍浇料。"接引揭谛迅捷地把漳鸿钧塞入了一扇门内。

一阵扑鼻的香气袭来，漳鸿钧宛然已经坐在了一个大苫棚底下，时间段似乎是在明朝，不远处的一口大锅正被柴火烧得水汽蒸腾。

"刚出锅的大肠，老于杠十年来第二次亲手现做啊！得足要您十二个铜钱一碗。"看来接引揭谛已经给预定过了，小二端上的九转肥肠色泽红润，通体半透明，柔韧异常，层层相叠又层层相分。果然是出自老于杠的亲手料理，阵阵八角香叶混合着桂皮的芳香，招呼着漳鸿钧的味蕾。

"如铭看来是打过招呼了，还记得我的要求，无肉不欢是我的命啊！"漳鸿钧也毫不迟疑，伸手抄起了一段颤颤巍巍的大肥肠，开怀大嚼起来，酸、甜、香、辣、咸五味俱全，吃起来质地软嫩，酥软香甜，肉美汁鲜，自觉人生之美意至此为最。

随后的吃饭时间，漳鸿钧遍尝了古今中外的各种美食，由于毫不担心食物的营养成分对健康的影响，"反正都是菩提液嘛！只不过吃个味道。"但是由于元宇宙的高度模化还原和神经传感元的超真实刺激，漳鸿钧的美食体验获得了极其过瘾的满足感。

漳鸿钧吃过了中国的潜江油焖大虾、阳朔啤酒鱼、阳澄湖大闸蟹、河南烩面、浙江金华火腿、福建佛跳墙、安徽臭鳜鱼、桂林米粉、北京烤鸭、新疆大盘鸡、洛阳水席、海南黎家竹筒饭、黄平郭氏牛肉干，以及登上米其林评级的泰国的蜜延堪、阿根廷的酸橘汁腌鱼、芝加哥的多汁露西、印度的鹰嘴豆松饼……

比估计的时间要短很多，漳鸿钧用了不到一个月的时间，折算成元宇宙时间也才过去了半年，吃的心理势头在吃完一盘"栖枫渡鱼粉"之后，一种味同嚼蜡的唾液反射竟然涌了上来，望着湘江上往来的楼船渔火，突然感觉有了一丝不过如此的停止之感。

此后的时间里，漳鸿钧的口味不再兼容并蓄照单全收，而是只浓缩在了几种并不起眼、也并不昂贵的简单小食上，有时杀气腾腾扑向一座食肆酒楼，最后却只以一碗葱油小面结束了战斗。

而这样的状态自由滑行了一段时间之后，似乎潜隐在馋欲最深处的饕餮因子又重新开始发作，满脑子的各种大餐豪饮的场面再度占据思维的主导，漳鸿钧再度重装出击，从东到西，从南到北，把古今中外的美食珍馐又一次席卷了个不亦乐乎。

如是的反复，大约又过了两个月，这种食欲催动的折返跑，振幅越来越小。终于，漳鸿钧在吃这个主题下的元宇宙场景，简单地聚焦到了几个确定的模式，既有符离集烧鸡、葱烧猪蹄这样的直接解馋式小吃，也有意大利阿尔巴白松露、艾玛斯鱼子酱这样的顶级料理，绍兴加饭酒和拉菲葡萄酒的交错小酌，也只是视当时的心情而定。

有一次漳鸿钧没有进入元宇宙觅食，在直接接受菩提液灌注时，吃惊地发现，竟然真的喝出了飞天茅台的味道！看来，食物在分子层面的结构确实

第三章

元宇宙里快活多

都是一样的啊，当不带有强烈的主观欲求，用意念控制之外的触觉去感受，一切都是平常。人生百味，不过一碗热干面！漳鸿钧在无限制的狂饮痛吃中收获了个中真意。

　　"人吃饭是为了活着，但是人活着不是只为了吃饭。"这句很通俗的话语，此刻在漳鸿钧看来再恰当不过。除了吃，尽其所欲之后，再弄点什么呢？

三

"为什么会这么冷？"漳鸿钧抱紧了双臂，拉紧了身上的锦衣，似乎这一次系统给配置的是厚厚的武将作战袍，还是感觉到一种难以抵御的刺透骨髓的冷，这种冷里包含着一股复杂的非自然力量，在把漳鸿钧往地狱深处抽吸，身体不由自主地滑向一处幽深的洞穴。

漳鸿钧想起来了，自己是在结束了将近一年的胡吃海塞之后，暂时拿不定主意接下来该开启哪一段旅程，在恍惚地似睡非睡之时，无意间触发了操纵台面板。

掉落式的下降持续了很久，脑袋里翻江倒海，不停地在旋转，漳鸿钧只能紧咬住牙关，采用深呼吸控制住自己快要跳出胸腔的心脏，才没有昏死过去。

渐渐地，滑行的速度慢了下来，四周一片黑暗，寂静到可怕，触手可及的是黏腻腻的烂棉花样的黏液物质，恶心至极！一股恶臭无比的味道掺杂着硫黄粉的呛鼻气味飘荡过来。

漳鸿钧感觉自己似乎是躺在了一块泥泞的地面上，抬眼寻去，远方有十几个绿油油的光点围绕着他，一闪一闪地跳动。

又过了好久，这些光点凑近了一些，漳鸿钧清晰地听到了一种"语言"，说是"语言"，其实很难描述为任何人类或动物的发声，似乎是专为他的侵入而临时生成一种生源波动："怎么让'类'进到这里来了？"

漳鸿钧感觉这样的场景，正像林冲误入白虎节堂，下意识地摸了摸腰间，有没有那把七星宝刀，好抽出来先大杀一番，不料却是空空如也。

漳鸿钧正在恐惧万状的时候，光点急剧地暴涨起来，迅速扩大，向他逼近！漳鸿钧急切地念起了脱身咒语"证玄静 灵化明"，但是咒语失灵，没有像以前一样从场景里退出，眼看着幽灵般的光点继续高速向自己袭来。

突然，一束强烈的光亮撕裂了眼前的场景，一起烟消云散，瞬间他又回到了永生阁的床上，一身冷汗湿透了全身。

"啊！"漳鸿钧长长地大叫了一声，暗呼侥幸，马上呼唤来了如铭。

"系统的程序错误？"听完漳鸿钧的描述，如铭摇头表示不解。

"为什么咒语会失灵呢？我又是怎么脱的身？"漳鸿钧没有急于搞清那些绿点是什么恐怖玩意儿，更关心保命的脱身咒语为什么没有起作用。

"这个我也很困惑，不应该出现这样的情况。"如铭陷入深思，然后，似乎确定了什么，"是您自己的念力把自己拉回了这里。"

"不过，您看到的那个地方，似乎我有警示。"如铭又陷入自我的深入研究中。

这一次可怕的经历之后，漳鸿钧再也不敢轻易放松自己的精神状态，避免在睡眠或意识不清的情况下进入元宇宙。

四

这两天漳鸿钧都没有再启动元宇宙面板，偶尔招呼如铭过来聊聊天，如铭也没有破解出那个可怕地方的任何信息线索。

"您去九寨沟散散心吧，抵消一下这个不好的记忆。"如铭建议说，他也没忘了漳鸿钧心中的向往。

"是啊，九寨沟，诗和远方啊！"漳鸿钧找到了自己的下一步计划目标。

"也好，以前老说，等我不忙了，把想去的地方都去看一看。"漳鸿钧是一个工作狂，即使退休后也同时被几个机构争着返聘，到永生阁之前也确实难得有大把的空闲时间用于游玩。

晒足了一个正午阳光和一个月明之夜，吸满了阳气补足了阴精，漳鸿钧"飘"到了曾经朝思暮想的美丽九寨沟。

在树正群海，漳鸿钧被那片湛蓝惊呆了！他没想到元宇宙的仿真到了如此逼真的地步，连每一个水纹涟漪都像是真的在现实中一样触手可及。波光潋滟，微风徐来，宛若仙境阆苑。

在长海，那份远离尘世的清寂与孤傲，与漳鸿钧在元宇宙的出世情境恰是相得益彰。幽深与迷蒙，安抚着漳鸿钧陶醉的心田。

树正寨、则查洼寨、黑角寨、荷叶寨、盘亚寨、亚拉寨、尖盘寨、热西寨、郭都寨，九个寨子游下来，艳丽典雅的群湖，奔泻湍急的溪流，飞珠溅玉的瀑群，古穆幽深的林莽，连绵起伏的雪峰，足足让漳鸿钧盘桓了半个月之久。

去过了九寨沟，漳鸿钧又把自己送到了杏花春雨的西塘古镇，交横纵错的巷弄和两千多米的烟雨长廊，让漳鸿钧的心情得到了完全的放松，把白虎节堂的阴冷记忆完全抛在了脑后。

然后他又飘落到了达瓦昆沙漠腹地的岳普湖县铁热木镇，虽说一眼望去荒无人烟，但沙丘起伏宛如大海波涛，尤其如火烧残纸一样在沙漠边缘恣意生长的胡杨林，显示出勃然不屈的生命之机，一任平生尽旷达的别样抒怀，让漳鸿钧的心胸宽阔了不少。

又用了大约一年的时间，漳鸿钧的元宇宙足迹遍布大江南北，尽览大自然的壮阔辽远和细丽美妙，气韵悠悠，浑然不觉地把自己融入了天地之间，忘记了时间流逝和万物过往。

和满足"吃"主题场景的口腹之欲一样，漳鸿钧的体验感觉最后也是回落到了兴趣渐窄之上，有时站在滔天巨浪的海天之巅，内心也丝毫激不起半分波澜，沉浸于青砖瓦巷的氤氲雨雾里，也难抑内心深处一丝莫名的躁动不安。

他知道，这又是够了！无论怎样的好山好水，都有厌倦的时候。

在此后一段放任自由的时光里，他基本上都是直奔一个自己无意间踩出来的自我小天地，他给它命名为"独野庐"的海上荒岛。

说起来，这个地方的发现纯属偶然。当漳鸿钧还在"人世间"的时候，有一个时期突然兴起了个人海岛买卖，漳鸿钧也跟风花了二十三万在广东河源的万绿湖，买下了一块面积不到两平方公里的小岛，包给了当地的一个施工队简单盖了一处石头屋子，垒起了几张石桌石凳。漳鸿钧也曾经在偶尔难得的休假中去过一两次，自己静心独处，很有一番《陋室铭》的情怀感触和桃花岛的避世逍遥，后来由于来回倒飞机太折腾，就很少光顾了，此后一直扔在那里没有管过。

当对元宇宙的大多旅游美景都去过、又厌过之后，漳鸿钧想起了这个自己的心灵属地，在进入元宇宙的白色选择舱后，漳鸿钧向那位毕恭毕敬的美女揭谛费力地讲清楚了详细的位置之后，美女揭谛通过一番查询搜索定位，说这个地方属于私人领地，但是查到与漳鸿钧的个人财富内在码符合匹配条件，可以进入，就把漳鸿钧发送到了独野庐。

在独野庐发呆，成了漳鸿钧相当一段时间的在元宇宙游玩的常态。"万山成一绿，万绿成一湖。日月湖中聚，天地共翕呼。"万绿湖如巨幅的绿色绸缎铺就于蓝天白云之下，湖中岛屿星罗棋布。湖面无时不绿，无山不绿，无水不绿，甚至连空气也带着绿意。

"绿"的唯一色彩在这里恒久如常，在漳鸿钧的心中，凝固为波澜不惊。

"花落三春莺带恨，菊开九月雁含愁。山林多少幽闲趣，何必荣封万户侯？"他觉得以前对于草木枯萎、落木萧萧的那种悲秋心绪都是滑稽和可笑。

时间都定住了，人类不再受自然生死的支配，春华秋实、草长莺飞，是它们的事情，我是不变的主宰，"石崇未享千年富，韩信空成十面谋"的人生苦短之悲戚惶恐，在永生元宇宙里都被化解得无影无踪。

五

不知不觉，漳鸿钧在无限制地吃喝玩乐中，时光一晃过去了三十一年，此时他的实际生理年龄已经达到了一百一十七岁。

但是由于元宇宙世界的丰富多彩和"永生阁"里精密合理的营养调配，漳鸿钧觉得无论从生理到心理都没有垂暮老人的衰弱之态，时时的心灵悸动还会激发起一些年轻的冲动，还有冒险、挑战、征服自我之类的不老追求。

"时间和年龄，看来就是个骗局啊！没有永生技术的时候，我们就当然地接受了人老不以筋骨为能、人老要知天命、人老要顺乎自然等似乎天经地义的概念，而其实只要周遭的参照体系设置和身体内部的生理支持足够活跃，人也是不会老的。"在独野庐那洒满夕阳的海面，漳鸿钧禁不住产生了许多哲学意味的浮想。

在三十一年的永生管理生活中，漳鸿钧除了沉浸于元宇宙的绮丽时空里，任时间推移，乐享百态万象，也会潜回他在"人世间"的家里，探看曾经真实生活过的地方人、事、物的变迁。

他还记得第一次的探家行动是在离开后的第三年，刚刚对于吃喝和游玩滋生些许倦意的时候。真是"吃饱了不想家"！漳鸿钧觉得有些微微的惭愧，都过了这么多天，才想起亲情所依的地方，人的私心私欲，为己的成分远大于为人啊！甚至在明白了元宇宙里可以过得那么五彩斑斓的时候，心里甚至有一种从尘世解脱的放飞感。

漳鸿钧启动了红色按键，不一会儿，身体被慢慢加热，有点像是在桑拿室里的感觉，永生阁的灯光变为了3000K的浅色调，这一次没有睡眠时朦胧恍惚的意识，只觉得整个身子从床上飘了起来，像炮弹一样弹射了出去，穿过了屋壁，再次加速飞向了天空，掠过了无数的崇山峻岭，一个暂停，定格在了一个花园小区里一间大平层的房间内。

进行永生人集中管养这几十年来，这种集约方案带来的好处如预期一样显现出来，基本的人类社会形态未受到太多的影响，整个社会人生依然延续着从出生到成长的正常生理过程。

达到了联盟建议的管养年龄的老年人，大都按期接受管养协议进入了堡垒享受永生生活。

虽然最开始仍有一些自然主义者，笃信人命天定的自然法则，不肯服用魔灵菇一号进入堡垒生活。但是，在看到越来越多的人都实现了长生不老梦想，加上联盟的各种宣传机器，不时地播放着集中管养的一些美好生活片段，到最后，几乎所有达到干预年龄的老年人无一例外地都接受管养协议进入了堡垒。

在社会面上，解除了对死亡的这个终极恐惧之后，人们的心态获得了空前的解脱和轻松。对于未来的预知，无非是到了一定年龄去那个地方，换一种方式继续活着而已。而等到人类"生天计划"最终实现之后，更浩渺的太空旅行和更美妙的星际移民又将再次展开新的人生阶段。

因此，对于在人世间这一段身体机能和精力体力都很充沛的过程，都想尽力发挥出最好的功能和动力，尽可能地去冲击思想灵魂的极限，创造出人类最好的文明精华。

虽然来得晚了一些，熟悉的景象还是让漳鸿钧热泪纵横，又看到了自己坐过躺过的那把老红酸枝木中式躺椅，一幕幕的前尘往事浮上心头。

家里很安静，可能是在上班时间，漳鸿钧看到墙上的书架里嵌放着自己的一张黑白照片，他自嘲地说："还真是布置了遗照啊。"

正在四处打量的时候，听到屋门处传来钥匙开锁的响动，房门从外面打开，伴着一阵清朗的童声，一个老太太牵着一个小姑娘走了进来，顺手把买菜的小推车靠在了门后边的墙上。

漳鸿钧认出这个老太太是自己的大儿媳妇，一直和自己住在一起，如今也是快七十岁的人了，那个小姑娘或许是她的孙女或外孙女吧？

老太太盯着漳鸿钧的照片，对小女孩儿感慨："你太爷爷都离开三十五年了，再过几年，奶奶也要去了。"

老太太的话语中透露出的情绪，似乎仍旧是像对离世一样的惆怅。看来，虽然人们都接受了集中管养计划的安排，但是普遍的心态还是充满了异样的滋味，毕竟那个世界和现实世界是隔绝的。

祖孙俩在屋里开始家常活动，老太太准备做饭，小姑娘打开平板电脑看视频，觉察不出屋里多了外人。

漳鸿钧没有再待下去，似乎觉得这个家早就跟自己不再有关系了，他的家是在永生阁里，默念咒语，身形粒子碎裂散开，迅速退了出去。

漳鸿钧的这一次探家行动却并没有让自己产生那种漂泊过后久别思归的感觉。"局外人？"他自嘲地说。

此后的日子里，他也会保持一定的间隔频率回家看看，但是由于"不能参与"的规则限制，那种被无意地漠视、疏离隔绝的感觉，始终使他的心头像是被封闭住了一小块儿似的，对于曾经的家，并没有产生那么强烈的向心力。但毕竟因亲情所连，也包含着一定的长辈对后辈的责任，漳鸿钧对于人世间的关注总之还是难以割舍。

六

面对有家难回也就不想再回的情势，漳鸿钧索性觉得，就此把心一横，干脆只在元宇宙里天翻地覆好啦。

也吃了，也游了，接下来的顺序就该是"饱暖思淫欲"。其实这个"淫"字被世人理解得过于偏狭，"淫"的本意是指的"过分"，意即一切事体欲念都不可太过分，要有节制，自然这中间也会包含男女之乐。

漳鸿钧不是一个酸腐的老夫子，七情六欲都很完整，只是毕竟已是一百二十岁上下的老人，虽说衰老停止药使得外表和内在的生理机能都退回到了四十五岁的状态，但心理的历练斑痕是无论如何不能和年轻人画等号的。

结束吃喝游玩的无节制沉浸后，他也曾想着逢场作戏去看看自己的本能反应，到过几次某个岛国的那种居酒屋或是某个海港国家的风情街，不管是灯光下的含蓄暧昧还是橱窗里的胴体展示，都不能使他产生太多的情欲冲动。

漳鸿钧也曾进入过某些朝代的青楼，在狂饮豪醉后，似乎能调动起一些久违的冲动，但经历了三两次之后，意识到和他旃旋做戏的妖媚红颜都是NPC之后，也很快就觉得兴味索然了。

漳鸿钧年轻时也曾有过激情似火的爱恋经历，在挚爱的妻子没有等到永生药的普及先自己而去之后，漳鸿钧的情感世界里就波澜不惊了。

元宇宙的人生设置模式，似乎又给了他重燃爱火的可能，他不是没有动过寻找到一个真实爱人的心思。

但是具体操作起来，才发现要面对的背后本体真实美女们，大多也都是经过了百十来岁的人生历练，每个不老美女的心里，都驻留着一个百岁老妪，都阅尽了一百多年的人生风霜。自己的情场经验显然捉襟见肘，一两个回合就败下阵来。

最后，漳鸿钧暂时打消了微弱的情欲之火，觉得不如把时间花在丰富自己、提高本领和尝试体验各种不同职业上，也许更有意思。

漳鸿钧心里首先想到以前看谍战剧，里面特工们之间接头时经常用的那种莫尔斯电码，玩起来很酷的样子，就想："先学习一下莫尔斯电码吧！"

漳鸿钧启动蓝色按钮，来到选择客舱，接引揭谛在手里的操作平板上输入了几个字节，推开了客舱壁上的一道门，示意他进入。

一个身穿燕尾服、打着黑色蝴蝶结的和蔼绅士出现在漳鸿钧面前，这是莫尔斯电码发明者塞缪尔·莫尔斯的元宇宙人物投射形象。

"其实，我是一个画家。"莫尔斯先生说，"是给总统画肖像的。"

"艺术的灵感会滋润技术的发明，东方人，你有吗？"

"还算有一点儿吧。"漳鸿钧不知道会写一点儿诗词算不算。

"我发明莫尔斯电码是由于一次悲惨的事故，在创作拉斐特的肖像时，收到了妻子病重的信，当我在尽可能短的时间内赶到康涅狄格时，我的妻子已经死了，而且已经被埋葬了。这都是由于通信的落后，我接到妻子生病的通知时已经晚了好几天了，所以，我暂时放下了画画，用三年时间，为每一个英文字母和阿拉伯数字设计出了代表符号，这些代表符号由不同的点、横线和空白组成。这就是电信史上最早的编码，后人把它称为'莫尔斯电码'。"

接下来，塞缪尔·莫尔斯具体教授漳鸿钧如何学会用莫尔斯电码传递信息。

"莫尔斯电码由点和线组成。每一点代表一个长度单位，每条线代表三个长度单位。我们用敲门声来演练，敲门声数和轻重分别表示不同的单位，例如，字母 a 由一个点和一条直线组成。敲门时要注意点的顺序和线的耐久性。敲门时还要注意手指的力量。过去，有人用莫尔斯电码发报。长期发报的人有时会患关节病，有时还会戴上手指关节环，保护手指。"

用了不到一个上午的时间，漳鸿钧已经基本能够较为流利地使用莫尔斯电码来表达信息了，内心充满了喜悦，已经计划好下一次到一个谍战年代去实地操练一下这种神奇的技术。

临了的时候，作为告别的答谢，漳鸿钧用敲击桌面的方式传出了一串莫尔斯字符：谢谢您！伟大的电报之父。

七

一杆老式步枪出现在了漳鸿钧手里，这是一支莫辛甘纳骑兵步枪，此时，他正深一脚浅一脚地紧跟着走在前面的一位志愿军战士在雪地疾行——他就是抗美援朝战场上大名鼎鼎的伟大的狙击手张桃芳！

漳鸿钧的第二个永生元宇宙本领选择了学做狙击手，他一直觉得那种一个人超远距离的孤独猎杀很符合他卓傲不群的个性。

张桃芳回头对漳鸿钧说："还得再快点儿，狙击手的诀窍其实不是击发的那一瞬间，而是在最短的时间里，找到最佳的狙击地点。"

白毛风刮了起来，寒冬的高海拔朝鲜山区，滴水成冰，漳鸿钧努力跟上张桃芳的步伐。

"好了，这个向阳的山坡看起来不好隐蔽，"张桃芳停了下来，"但其实，往往出乎常规意料的地方才是发出致命一击的杀手点位。"

系统给张桃芳的全息影像匹配的语言风格没有太贴近当年志愿军的交谈习惯，有些用词明显偏文雅。

"要节约子弹，狙击手不是靠子弹'喂'出来的。"张桃芳摇了摇头说，"不对，我可以告诉你，我算上训练打靶，再加上消灭214个敌人，总共用的子弹不到 1000 发。想打枪，你要让枪听人话，听从你内心的想法。"

"看到那边山包上的那个高鼻子家伙了吧？好像是个上尉，瞄准，击发。"

随着张桃芳的指引，漳鸿钧难以置信地一枪把那个正在优哉游哉晒太阳的联合国军上尉给撂倒了。

"撤！狙击手得能跑。"

漳鸿钧抱紧了莫辛甘纳骑兵步枪，迅速消失在了白雪皑皑里。

八

此后的一段日子里，漳鸿钧在各个能够充实自己、丰富技能方面的高级需求专题场景里玩得不亦乐乎。又是三年多的时间过去，他学会了十几种在现实社会里没有时间或没有机会学习的本领和进行了一些新鲜的职业尝试，取得了二十五个职业资格。他做过航母舰载机驾驶员，甚至还拿到了一张一级甲等的普通话等级证书。

有时他也会偶尔到20世纪50年代的东北老工业基地，体验一下在车间里做二级钳工的那种粗糙的金属质感；到克拉玛依油田搬动磕头机的按钮，享受黑色石油汩汩冒出的乐趣；在互联网大厂体验身负五种以上编程语言，设计出整洁的代码和美妙的算法，从而呼风唤雨般的至尊荣耀。

他成了一个无所不能的超级多面手，人类社会存在的本领他几乎都掌握了！

"真是个好地方啊！"忽而一天，临时被召回到永生阁里晒太阳时，漳鸿钧才意识到，自己早已不知身处何地，最初置身于这间斗室的不平、恐慌、茫然的情绪和被禁闭、束缚的心理，已然全然不见了。

另外，在元宇宙里生存，漳鸿钧还惊奇地发现了一个附赠的好处，他五十岁之后一直困扰着他的失眠，竟然神奇地消失了。

有一次和如铭闲聊时，漳鸿钧提到了这一点，说不但没有了失眠，甚至连做梦都少了很多，除了那次误入白虎节堂。

如铭分析说，可能是外接的多维神经元在帮助漳鸿钧实现元宇宙全真模拟的同时，间接的附带效应是正好占据了人体自主神经的部分通道，客观上阻隔了非自主神经对自主神经的干预，从而无意间实现了睡眠意识的完全解放。所以，就成就了吃得香睡得着的良好身体反应。

"哈，这可真是修成神仙了。"漳鸿钧欣慰地说。同时他感到以前有过的腰椎间盘轻微突出和膝关节炎也几乎没有了。

"这也是永生阁元宇宙生存的功劳。"如铭解释说，这是因为大部分的时间，漳鸿钧都是用平卧姿势进行元宇宙活动，几乎没有最伤害腰椎颈椎的伏案坐姿，这样能够让腰和脖子以及下肢关节得到很好的放松。同时，更多的时候是闭上眼睛，利用视神经传感元件感知元宇宙的风光物事，所以，眼睛也得到了很好的修养。

如铭定期都会对漳鸿钧的各项身体指标进行监测和检查，几十年下来，永生阁卓越的空气过滤系统严密防范了各类有害细菌和病毒的侵入，精密配制的菩提液提供了全面合理的人体必需营养物质，漳鸿钧的身体机能保持着极为良好的状态，在魔灵菇一号作用下的基因体系，完美激励着漳鸿钧的永生生活。

这一天，漳鸿钧任由时间正常流逝，没有急着开启下一段元宇宙场景，一直等到月上中天，就这么静静地待着。望着天花板的点点星光，虽没有清风旷野的疏朗，漳鸿钧的内心却无比清凉笃定，一任万事皆此间啊。

电光石火之间，好像一道猝然的惊雷击破了漳鸿钧的意识深处，他猛然认识到一个现实：这几十年来，他都是孤身一人在永生阁和元宇宙里独来独往的！

人是社会动物，对群居生活的需求本能是为了集体互助避险，而今，在永生阁里风吹不进、雨浇不着、百毒不侵、百难不怕，还有元宇宙里的无穷逍遥快活中，自然也就淡然了与人联系交往的内在渴望。

但是，"独乐乐不如与人乐乐"，人无朋，则其心必孤戚啊。一个好汉三个帮，朋党之说，自古有之。漳鸿钧开始审视自己的内心，是不是应该寻几个情趣相投的狐朋狗友了？

九

　　元宇宙里虽然也是人海茫茫，但是漳鸿钧经过这么多年的游历，真的动起了寻求挚友的念头，却一时间不知如何入手。

　　虽然漳鸿钧知道自己在人世间的几个为数不多的老友都先后进入了永生管理状态，但严格的单人分隔安置模式基本上戒绝了彼此间的真实往来。而在元宇宙的虚拟场景里，NPC还是占据了绝大多数，PCC的真实外貌也都被重新格式化了，世界之大，遇上的机会甚是渺茫。所以，漳鸿钧这些年也没有试图打探过他们的消息，想想自己的玩心尚且如此，相互间也多给朋友们一些单人放飞的自由吧！

　　但是当"单身快活"得以充分极纵所欲的满足之后，对友情的渴望无可阻拦地浮上漳鸿钧的心头。鲁滨孙还有个野人玩伴星期五呢，如铭虽说能够善解人意地解答漳鸿钧的任何问题、满足各种技术要求，有时进入元宇宙，漳鸿钧也会招呼如铭一起去玩，几乎可以说是随叫随到、如影随形，但他毕竟清楚地知道如铭不过就是个人工智能，再贴心的服务也不能跟真正的人类相提并论，更遑论谈及灵魂道义的高级意识交流了。

　　漳鸿钧感到了莫大的孤独！他决定必须开始寻找朋友！

漳鸿钧下意识地摸了摸自己的脸，是不是需要修理一下形象了呢？

进入永生阁，开始元宇宙的吃喝玩乐之后，漳鸿钧和人打交道一直都是进行的商业往来，交钱买各种服务而已。

所以，对于自己是以什么样的形象示人，从来没有注意过。而今要交友就意味着要开始实质性的社交，所以外在的皮囊还是要修饰一下才好。

就此问题他问了如铭，如铭羞涩地一笑说："怎么？也开始寻思要面如冠玉、玉树临风了？"

漳鸿钧也被弄得不好意思起来："那倒也没有啦，不过，总要别人看着舒服一点儿才好吧。"

如铭解释说，元宇宙的人物形象包装方面是这样的，对于眉眼容貌，系统会有一个基本的设定，一般不会太难看。至于服饰外搭，根据玩家进入的时代而定，比如汉代就着汉服，宋代就穿宋装，一般百姓民众服饰以黑白为主，文武官员按品级着紫、绯、绿色，以此类推。

"当然，这些都是免费的基本设定，您要想成为面如团粉、绫罗绸缎、鲜衣怒马、宝马香车的俊品人物，费用就需要您自己出啦。"

"明白了！"漳鸿钧一点就透，到哪里也离不开"孔方兄"就是了。

"世人结交须黄金，黄金不多交不深。不信但看宴前酒，杯杯先劝有钱人。"漳鸿钧不是一个太过清高的孤洁之人，所以他决定在外表形象方面投入一些资金，办事情须花钱的基本道理，在他看来再正常不过了。

他首先把自己这些年的财富家底做了个整理。

进入的时候，自己的积蓄孩子们全给注了值，加上系统初始的那1000元，总数是永生币3130000元，漳鸿钧还是相当富裕的。这几十年，吃吃喝喝、游玩、学习，漳鸿钧感觉元宇宙的"物价"情况没多贵，而且很少通货膨胀，自己的账户基本一直放在活期上，方便取用，从来没有考虑过钱的问题，到目前为止，账户上差不多还有百十来万的余额，漳鸿钧觉得还没有到财政紧张的地步。

不过，对于现在要开始社交尝试并且进行适度形象修理的决定，漳鸿钧觉得可能还需要增加一些资金积累，

除了外表形象上的花费，将来朋友相处，也不能像自己过生活一样可以精准控制花费，男人不能太小气！漳鸿钧一向看不起抠手抠脚过日子的人。

他首先决定不能向后辈们张口，而且按照生态隔绝的限制，也没有主动联络人世间的渠道，当然也是为了保证伦理秩序的正常。有几个七月十五，漳鸿钧也确实收到过外面注入的几笔钱款，他很欣慰孩子们的孝心，但他知道，他们的未来也需要在元宇宙里生存，所以，倒是想他们从此不要再管他这个老头子最好。

因为，他有足够的自信在元宇宙里挣钱！

十

漳鸿钧之所以有着这样强烈的自信，是因为这些年在元宇宙穿梭、纵情玩乐间他也观察了好多东西，已经看好了适合自己的赚钱之道。

几乎在每一处元宇宙场景里，都设置有一个基本的挣钱场所，有矿场、煤窑、建筑工地、码头等靠简单体力劳动获取报酬的地方；也有一些写字楼工作可以去做，或是到资本市场中的股市、证交所去进行财富搏杀，但这些都不是漳鸿钧考虑的。

他早就看好了一个非他莫属的绝好机会，到明朝去，帮嘉靖皇帝重修三大殿！

方针既定，行动起来就毫不迟疑，漳鸿钧迅速启动元宇宙面板按钮，按照年代坐标指引，准确"降落"在了明嘉靖三十六年（公元1557年）。

夜色里火光冲天，一场雷击点燃了三大殿，火势凶猛，一共烧毁了三殿二楼十五座宫门。幸好嘉靖指挥锦衣卫及时运走了《永乐大典》，才使得这部大作没有被大火吞噬，但所有的宫内建筑都被烧成了断壁残垣。

漳鸿钧望着远处大呼小叫的救火军民和一片的慌乱景象，悠然自若地把一碗大白凉茶倒入嘴里，抹了抹嘴角渗出的水珠，步入客栈的天字一号房里，在熏过安神香的床铺上舒服地伸开了双腿，他要好好休息一下，明天去见小阁老严世蕃。

此刻，工部左侍郎严世蕃的官邸豪宅里正是笙歌欢舞的时刻，虽然早有亲信报知了皇宫失火的消息，但是严世蕃却丝毫不为所惊，皇帝老儿家着个火太正常不过了，从永乐帝开始，宫里就没断过火灾，失火不怕，失火就有事干，最后还不是得由他这个建设部副部长来督工施建，项目分包下去，里外里大把的银子有得赚。

第二天一早，漳鸿钧用过丰盛的早餐，做大事之前一定要吃一顿好饭，这是他一百多年来的人生经验。所以早餐的食物他足足点了二十多样，"菩提液"看来得灌半个小时，漳鸿钧讪笑暗想，抹了一下油光四溢的嘴巴，又痛饮了一壶明前铁观音之后，漳鸿钧赶第三拨拜进的访客来到了左侍郎府上。

他一点儿也不着急，前面的两拨都在谈价钱，严世蕃做交易，向来明码标价，回旋的空间不大，一个数对不上就免谈，他对自己的出价有绝对把握。

对于进门他也不着急，万事钱开路，果然，当他给了门房老头儿二百两入门纹银后，直接从第三拨的第18号候客被领入了前堂。

"堂尊，在下西河张二。"漳鸿钧故意报了个随便的贱名，因为他知道严世蕃同他这样的建筑商打交道，不喜欢有太多的纠缠牵扯，钱的明路一过完，最好一拍两散，名字不过就是个临时代号而已。

正如漳鸿钧所料，严世蕃并没有嫌弃他的名字粗鄙，直接开价："一万二，接不接?"

严世蕃语气冷硬，稍有犹豫，就喊下一个了。

"接! 两万二。"漳鸿钧袖手抖出一张大明宝钞银票，一次喂到位，是他的预案。

果然，严世蕃原本低垂的眼睛里精光一闪，随即又不露声色地淡淡回应了一声："妥！"

漳鸿钧明白，这事就算定了，第二关就等着皇宫开标之后，进道观直接面见嘉靖那个老道君了。

半个月之后，大高玄殿。

漳鸿钧在严世蕃的引荐下，参加了嘉靖皇帝和夏言、郭勋、徐阶一帮大儒学士们召开的关于重修三大殿的内阁扩大会议。

漳鸿钧被唤入的时候，里面正吵得激烈。

一个争议是名字，火烧前三大殿分别叫奉天、华盖、谨身，嘉靖帝希望重修后把名字改改。嘉靖这样做的深层心理原因，是因为嘉靖帝的皇位来得有点名不正言不顺，嘉靖帝是正德帝的堂弟，本是湖广的藩王，与帝位无缘，只因正德帝在壮年突然驾崩，没留下子嗣，因血缘最近，而被迎入北京，拥立为帝。所以，想借修殿改名，争回皇脉正朔。而几大阁老认为名字乃是先皇帝所定，事关龙运风水，不宜改动，嘉靖帝的心思又不好明说，所以一时僵持在了那里。

第二个则是费用预算，阁老们对于重修三大殿的银子花费账目过于锱铢必较，而嘉靖帝有个私心，因为他一心向道，也想借修殿工程铺开的时机，为自己再做点道观建设事体。

漳鸿钧对于嘉靖皇帝和几大阁老争论的焦点心知肚明，所以一开口就说到了嘉靖的心坎上："陛下所言极是，所谓势为时所化，万事不可故步自封、因循守旧，三大殿屡遭火击，风水气运已然凌乱，正宜改名以焕新风，小臣建议可改为皇极、中极、建极以立永统天下的中正之道。"漳鸿钧心内暗笑，我是尽阅明史，可不是最后改的就是这几个名字！只愿这嘉靖老儿不要是PCC就好。

嘉靖的反应完全契合NPC的人物设定，挥了一下拂尘，龙颜大悦："瞧瞧，我说什么来着，徐阁老，群众的眼睛是雪亮的，黎民百姓都能想到此中大义。这个臣工之说法甚得吾心，关于此项就此不必再议了，就按张二先生的意见办吧。"

漳鸿钧暗呼侥幸，再接再厉地说道："另，圣上一心为民祈福，确实也该有一个安稳地方，我建议在三大殿之外，另置一处静谧道观，同时也是为了更好供奉一众的上天师尊真人。"

嘉靖同样眉开眼笑地允准了，另建佑国康民雷殿，以做打醮敬天之所。

事情就这么在徐阶们的目瞪口呆中确定下来了，随后的 12 年时间，在漳鸿钧的承包施建下，三大殿工程和嘉靖道观顺利完工。

漳鸿钧最后盘点了一下这场大活儿的进出款项，刨去各项费用，后续又打点了严世蕃 3500 两宝钞，共实收进账 73100 两白银，折合到自己的元宇宙账户上合永生币 3000 多万元。

够江湖上千金一掷，挥霍豪气用了。

而且漳鸿钧心里有数，作为古建筑修复师，哪个朝代更迭和皇位转换不需要重修楼阁？这就是自己的永久提款机了。

第四章

友朋自来

□ 谭嗣同就义

一

有了大把的银子入袋，漳鸿钧感觉自己的底气壮了不少，再次唤来如铭，商量形象包装的问题。首先从脸部面孔开始。

"如铭，你说我整成阿兰德龙怎么样？一张棱角分明的俊脸，一双炯炯有神的锐目。"

"扑哧。"如铭不禁笑了出来，"您太老土了，这都过时多少年的老皇历了，早不是那种剑眉朗目、鼻直口方的老式帅男了。不过，太新潮的模样可能您也接受不了，一些顶流小生的样子还不算太过时，怎么样？"

"哦，是这样的啊，那要不算了，我还是接受不了自己顶着一张小鲜肉的脸，这块儿就先不动了，就按系统自动生成的吧，还能省不少钱呢。"

漳鸿钧决定放弃过分修饰美容，用钱的地方还多着呢。

之后的日子，漳鸿钧一改过去几十年来始终一个人独来独往的元宇宙玩乐行径，在人群欢聚的茶楼歌榭和酒吧饭堂，漳鸿钧开始了主动搭讪、邀请一些看起来气味相投的各路好汉。

几年下来，钱倒是花了不少，虽说也结识了三五个还算说得来的朋友，但始终觉得不是自己希望的那种友谊。说是酒肉朋友吧，又觉得有点侮辱自己的智商和判断力，但是自觉他们不属于那种从灵魂到趣味都令自己满意的知己之交。

"千古知音最难觅啊。"有一天，漳鸿钧有些意兴阑珊地进入选择客舱，对于要去的方向颇感迷茫。

"永生君何出此言啊？"美丽的接引揭谛微笑着问漳鸿钧。

漳鸿钧每次进入选择客舱，都是匆匆而过，急着进入元宇宙的各处场景，同这位俏丽的美女揭谛也都是几句客气的功能对话。

今天，漳鸿钧不忙着进入场景，实在是也不知道去哪里才能实现自己交友的目的，于是，就和美女揭谛聊了起来。

漳鸿钧说出了自己在交友方面的得失和困惑，接引揭谛捂嘴笑道："您早该问我这个问题啊。"

"哦？看来我是怠慢了姑娘了？"

"是啊，您连我的名字都没问过呢？"

"哈，好吧，在下这厢赔罪啦。敢问姑娘芳名？"

"我叫来风。"

"嗯，来风好。来如影，去如风。符合您的工作身份。"

"谢永生君赞美。"来风浅笑道。

"那依姑娘所见，我该如何才能结交到志同道合的朋友呢？"

"您的路子错了！"来风说，"交友和您之前的那些满足身体欲念的体验不同，那些过程对人性品格没有要求，也就是说，您大可以没心没肺地胡吃海塞。"

漳鸿钧有些不好意思地摸摸脑袋，每次从这里出发的记录，来风肯定都了如指掌。

来风虚空点出了一块显示屏："品格指数！交友要看的一个重要的指标，这是系统对每个人的品格所进行的评测。"

漳鸿钧看到显示屏上给出的自己的品格指数为53。

"品格指数是一个综合指数，综合参考一个人的道义精神、人生格局、境界修养、情怀趣味、正义感、勇气度、自律性、同情心等。50为基本值，大于50为上品，小于50为下品。"

漳鸿钧自觉自己在生活中还算是一个品格过关的人，虽然没有太高的情怀追求，但是基本的道义情操还是有的，53的品格指数倒也符合他的所作所为。

"您前一段的交友活动，不知道这个指数，自己凭感觉到处瞎转，恕我直言，您交到的那几位，品格指数都快到50以下了，当然您会感觉不满意。您看您在轵城结交的这位郭解，虽然在当世也被称作大侠，其行事也算好客厚施，甘于不惜牺牲生命去替朋友报仇，关中豪杰争为交欢。但其内心残忍狠毒，为了一件小事就能突然怨怒行凶，并且以平民身份攀附权贵，大将军卫青都曾替他说过情，最终被汉武帝记恨，难免有了被灭族的灾祸，其实是一个伪大侠。您为了挣钱，是不是还行贿过官府大员？这些都有损品格值。"

漳鸿钧恍然大悟，原来问题出在这里。"怎么没有人跟我说这事儿呢？"

"永生元宇宙的设计，是要给您一个开放的自由时空，所以只做了一些基本的吃喝玩乐指引，里面更多的思想意识形态方面的玄妙，需要您自己去探索开悟，像今天就是机缘到了，由我来为您打开这一块的心灵秘境。"来风似乎完成了一项期待已久的使命。

"哦，明白了。"漳鸿钧觉得白白浪费了好几年的时间。

"那么，来风，我该如何去找高品格指数的朋友呢？"

"朋友结交也不能一味地要求品格指数的高低，当然都希望结交品格高贵的好友，但也要看自己的品格修养是否能够与之相配。所以，要想交好友，先要提升自己的人生境界。一般来说，品格值达到55以上，系统就会为您匹配您希望的那种朋友了。"

"那么，如何提升自己的品格指数呢?"

"哈，这个跟您在人世间一样啦，雅者自雅，清者自清，多做情怀之事，自然就能修得高洁之身了。"

漳鸿钧似乎有些懂了。

"永生元宇宙里有专为提升品格值的区域，您这段儿时间可以暂停一下在饭店歌厅的活动，去这里静修几年，待品格数值升高之后，再开启寻友之旅也不迟。"

"当然当然，自己鄙陋不堪，怎么能慕得贤良之士呢!"漳鸿钧深表赞同。

"那我今天就先把您送入'沉吟林'吧! 音乐和诗词会对您的品格提升有帮助。"

二

又用了十五年的时间，漳鸿钧在"高山流水间"和"阳春白雪居"等修心之所，从"通五经，贯六艺"这些基础的品学操守学起，而后又进入各个朝代的文庙太学艰苦研习，同时进行严苛的身体自律训练和音乐才艺的浸淫感受，大大丰富提高了自己的人生境界。

某一天，他又来到了来风的选择客舱，来风这次眉目含笑地对漳鸿钧说："很厉害啊，才用了十五年时间，您的品格值已经是62了，我这就进行系统交友匹配。"

客舱壁上快速搜索着无数的场景，最后定格在了一个气势恢宏的战国宫殿上，漳鸿钧一晃身出现在了公元前230年的咸阳。

秦王大殿上，此刻已是最后的摊牌时刻，荆轲正要展开督亢地图，漳鸿钧都能看见那把淬过剧毒的杜夫人匕首的刀尖正从竹简里露出来，荆轲面色不变，一副豪气干云的义士风范，令漳鸿钧倾倒。

"您的匹配交友是——秦舞阳。"系统的声音传音入密，在漳鸿钧耳边响起。

"啊？"出乎漳鸿钧的意料，他以为今天能与一代大侠荆轲义结连环呢！

没想到是那个进了大殿腿吓得打哆嗦的秦舞阳，十二岁当街杀人的胆气哪里去了？

此时的秦舞阳早已被拖下大殿，兀自瘫倒在殿侧浑身抖如筛糠呢。

"我可不想和这样的假勇士交朋友。"漳鸿钧快速念动咒语，在荆轲抓匕首之前退了出来。

回到选择客舱，漳鸿钧有些不满地跟来风说："怎么搞了个秦舞阳啊？他的品格值能和我相配？"

"您别不满意，他的品格值还真就不算太低，毕竟也是义气可嘉。"

"荆轲不行吗？"

"荆轲的品格值78呢！您差得有点儿多。"

"那，高渐离呢？怎么着搞个樊於期也行啊。"漳鸿钧嘟囔道。

"高渐离比荆轲的品格值还高两个点呢。"来风虚空查询了一下说。

"别急，马上再给您进行下一个匹配。"来风再次启动了显示屏搜索。

耳边风声再起，漳鸿钧被送到了宣统二年（公元1910年）的二月二十三日，什刹海甘水桥，烟袋斜街上的摄政王府附近。

夜色中，革命党人黄复生、喻培伦正在把炸药埋入桥下。

"您的匹配交友是——汪兆铭。"系统的声音传音入密，在漳鸿钧耳边响起。

此刻，汪精卫正和陈璧君在琉璃厂火神庙西夹道的守真照相馆里做最后的告别。

汪精卫对陈璧君说："现在要干了，我们都可能牺牲，我已经几乎没有再活下去的打算了，希望你要认真地考虑。"

陈璧君说："我不是为刺杀摄政王来的，而是因为爱你才来的。当然，这件事我们一起干。不过，万一我们两人都能活下来，我愿意把一切都献给你，做你的妻子。希望你能够答应我。"

"这个时候还真是条汉子，如果不是知道他后来卖国求荣做汉奸，也不枉和此人结交一场！"漳鸿钧感喟一番，无奈地再次念动咒语退出。

"来风啊，怎么搞来搞去和我匹配的都是这样一些人啊！"漳鸿钧抱怨道。

来风查询了一下，讪讪地说："他和秦舞阳的背后真人还真是同一个人，从秦舞阳到汪精卫，胆气增大了一些，气节可是没有什么长进。"

"唉，这可怎么办呢?"

看到漳鸿钧有些沮丧，来风安慰道："交到知音好友就是不太容易的事，一方面您再多去修炼升升级，提高自己的品格数值；另外，系统的具体变化都是随机产生的，匹配只是个大致数值相配，也有一定的偶然性。说不定某一天就有那种'蓦然回首，那人却在灯火阑珊处'的惊喜呢。"

三

　　按照来风的建议，漳鸿钧又花了两年的时间，重新检视自己的各种品格修炼，把领域和范围做了进一步的拓展，到巴黎卢浮宫、大英博物馆等文化因素丰厚的地方深度浸染自己；也做出了一些像在石壕村救下被恶吏强征的老妪、在马嵬坡帮助杨玉环潜逃到了东洋、慷慨解囊暗中资助凿壁偷光的匡衡五碗灯油、往孙康的萤火虫袋子里放了一颗夜明珠等义举。

　　可是时时查看自己的品格指数，一直徘徊在 63 到 64 之间，几乎很难再提升上去。

　　看到漳鸿钧愁苦的样子，来风突然好像想起什么似的，对漳鸿钧提出了一个严肃的建议："也许，这样的升级修炼已经到瓶颈了，要想获得高品格的数值，您可能需要进行一次'投胎转世'的忘我投入，做出一番挽狂澜于既倒的宏大事体，品格指数才能获得较大幅度的提升。"

　　漳鸿钧想起来了，初入元宇宙时，如铭也曾经提到过这种超长时间浸泡，经历一个完整人生长度的意识全入模式。

　　"好吧，那你说选择到哪一朝生老病死，去过一回完整的人生呢？最关键是'历劫'哪位'扶大厦于将倾'的英雄豪杰的苦难经历呢？"漳鸿钧脑子里冒出五六个历史上为了家国大义而做出惊天动地壮举的人物。

"岳飞？可以吗？"直捣黄龙府的豪迈，在漳鸿钧的胸中激荡开来。

来风打开搜索屏一番操作，很快眉头紧锁，念道："不行啊，岳飞，申请历难排期第132位。申请的人太多了，你要排上得至少三百年之后了。"

来风又翻了翻检索页面："史可法，第57位；谢安，第74位；田单，第30位；于谦，第92位；……这些义薄云天的壮士，知名度都太高，历难排期太慢了。"

"哎？这个，张居正，第3位。"来风眼前一亮。

"那就张居正吧，我刚去过嘉靖十二年，万历那点儿事我也熟悉。"

"可是，这下面有备注：张居正虽也是中兴之臣，其励精图治，锐意改革，为大明王朝积累下了十年的粮食储备。然而为人过于霸道专权，树敌太多，不知'水至清则无鱼'的道理，以至于在其死后，被查抄全家，甚至险遭鞭尸。"来风摇了摇头，"恐怕不利于品格数值的提升。"

来风又翻动了一下搜索目录，自顾自地说："诸葛亮也算了吧，排期的人也巨多，而且对本体智慧要求很高，一辈子下来，寿命不长，还娶了个不漂亮的老婆，其实论真实能耐也许干不过司马懿，只不过被神化抬高了而已。司马懿，唉，司马懿的排期人数比文天祥还多，这人都怎么了？也不怕道德值有损。"

"那怎么办呢？有名儿的排不上，排得上的又价值不高。"漳鸿钧撇了撇嘴说。

"呃，我有一个不错的选择，虞允文！从知名度上看，不属于那种显而易见的大英雄，但是干出的事业却相当于低配版的谢安，这是被严重低估了的一位民族英雄。就是他了，但愿排期人不多。"来风像是发现了新大陆，兴奋地说。

"果然不出所料，虞允文，目前刚被历难完成，还没有新的排期，我这就给您排上，即刻进入历难。"来风操作着显示屏，同时启动了发送程序。

五分钟后，宋徽宗大观四年（公元1110年）十一月二日傍晚时分，一声婴儿的啼哭，打破了袅袅炊烟之下一户书香人家的宁静。

漳鸿钧"历难"的虞允文降生在了四川隆州仁寿县，五十年后的一场大战在等着他。

同所有的生命成长一样，无非是从嗷嗷待哺到学会走路说话，这些必经的人生过程就不再做过多地赘述。

从六岁开始，虞允文便表现出了出众的聪慧，在别的孩童满街乱跑的年龄，他已通读了《周礼》《左传》《论语》等儒家经典。七岁时，甚至都已经能够提笔作文。

宋高宗绍兴二十四年（公元1154年），学霸虞允文参加科举考试，中进士及第，获授彭州通判，后改为权知黎州、渠州，在正常的仕途之道上顺利前行。

但是，其后虞允文的仕途，像所有的忠臣贤士一样，遇到了阻碍。

因为，当朝第一大奸臣秦桧出现了。

由于秦桧当权，虞允文等蜀地文士皆不获重用。同时还有一个比他更郁闷的人，那个人叫辛弃疾。

但是这个阻碍并没有耽搁虞允文太久，绍兴二十五年（公元1155年），秦桧病死了！

虞允文的仕途获得了飞跃式的提升，宋高宗想要收用被废弃的蜀士，中书舍人赵逵首荐就是虞允文。

虞允文在面圣应答中，显示出了极高的才学水平和过人的远见卓识。

他首先认为人君应该敬畏上天、安抚百姓、遵效祖宗成法；其次又论及当时士大夫风气中的弊病，从而提出，在以文章、言谈、政事选用这些士人时，应该分别裁汰其中的轻浮、巧伪、苛刻者，这样才能使被选中的官员任重道远；最后，他极力陈述四川财赋科输的弊端。

高宗闻言，欣然采纳。随后，虞允文被除授为秘书丞，累官至礼部郎官，一下子跃升为了正三品大员。

绍兴三十一年（公元1161年）的十一月，注定成为历史留给虞允文一战成名的时间。

那一年深秋，金帝完颜亮发动大军六十万，兵分四路，攻打南宋。

四路大军中，完颜亮亲自统帅中军主力部队十五万人，一路势如破竹，顺利杀到长江岸边，南宋的两淮防线很快土崩瓦解，金军如入无人之境，直接进逼到了长江北岸的一个叫采石矶的江边绝壁处。

宋军残部一片慌乱，守将王权连夜南逃，新任主帅李显忠还未赶到，军无主帅，人心涣散。

就在此时，不知是不是无意的巧合，还是天将降大任于斯人，身为文官的虞允文任督视江淮军马府参谋军事，正好被派往采石矶犒师。

历史的镜头就这样把决战的双方主将锁定为了金帝完颜亮和南宋中书舍人虞允文！

江北的金军正以排山倒海之势扎营在江口，渡江之战迫在眉睫。

在这万分艰危之际，虞允文毅然担起了指挥重任。

他将尚未逃离统治的张振、王琪、时俊等人召集起，重新部署，抗击金兵。就在此时，一位随从悄声对虞允文道："公受命犒师，不受命督战，他人坏之，公任其咎乎？"而虞允文的一声断喝却裂岸排空："危及社稷，吾将安避？"

他神色严厉地向当时军心散漫的士兵演说："若金军成功渡江，你们又能逃往哪里？我军控制着大江，若凭借长江天险，为何不能于死里求生？何况朝廷养兵三十年，为什么诸位不能与敌血战以报效国家？"这番演说成功地把士兵团结起来，并大大振奋了军心。

但是，军情对比却不容虞允文有任何的侥幸心理，从未指挥过一场战役的虞允文面对的是一场严重失衡的危局：江北，是四十万杀气毕现的虎狼之师；江南，则是匆匆集结起来不足两万的南宋兵民。

然而，面对这样悬殊的军事对比，临阵挂帅的虞允文却镇定自若。他命令将士们排列大的阵式，按兵不动，同时，"分戈船为五，其二并东西岸而行，其一驻中流，藏精兵待战，其二藏小巷，备不测。"

　　面对采石矶只有一万多人的守军，完颜亮根本没有放在心上，贸然渡江，虞允文抓住金兵长途奔袭，不谙江道，且战船底阔如箱、行动不稳的弱点，命时俊奋勇出击，以海鳅船猛冲金船，并用装有火药、硫黄、石灰的霹雳炮猛击，将渡江之敌歼灭了一大半，打退了金兵的进攻。

　　采石一役，宋军初战告捷。消息传来，时任抚州知州的张孝祥欣喜若狂，当即挥就一首《水调歌头》："雪洗虏尘静，风约楚云留。何人为写悲壮？吹角古城楼。湖海平生豪气，关塞如今风景，剪烛看吴钩。剩喜燃犀处，骇浪与天浮。"字里行间，盛赞虞允文临危不乱的大将之风。

　　尽管初获小胜，但虞允文却十分清醒，知道金兵还会卷土重来，于是将战船拉往上游地区，又在杨林河口调兵遣将，再次击退金兵进攻。金兵大乱，完颜亮在军中被部将刺杀，大败而逃，宋军大获全胜，创下了我国历史上以一万八千人战胜六十万人的辉煌奇迹，老将刘琦激动得热泪盈眶，抓住他的手说："朝廷养兵三十年，今日大功乃出儒生！"

　　虞允文本是一个文官，他到采石矶只是执行慰问部队的任务，但当他见到金军即将渡江，南宋已处于危在旦夕的紧急关头，便毫不犹豫地挺身而出，指挥部队抗击金军。他胆略过人，判断敌情准确，部署兵力得当，不仅将水军和步、骑军进行了纵深梯次配备，而且兼顾了战线左右两翼的安全，同时还掌握了预备队，以应付紧急情况和扩张战果。他针对金军不习水战、渡江船只又不坚固的弱点，以装备精良、战斗力较强的南宋水军作为主力，鏖战江中，以强击弱，使金军船毁人亡，无法靠岸。

　　采石矶之战后，金兵大队北退，都向新登基的金世宗完颜褒归顺。这一战，也彻底打乱了金兵南侵的计划，使南宋军民士气为之一振，岌岌可危的南宋政权又一次化险为夷，又争取到了一段苟延残喘的时间。

第四章

友朋自来

四

这一次的深度命运全投入体验，耗去了整整六十四年元宇宙时间。

借助采石矶一战，漳鸿钧所"历劫"的南宋文官虞允文，一介文弱书生带领两万人马大胜十二万金军，创造了战神般的奇迹。

凭一己之力为风雨飘摇的南宋江山续命百年，在危急时刻表现出的敢于负责、敢于担当和力挽狂澜的气概，在品格值上获得了极好的回报。

漳鸿钧再次查询品格指数时，惊喜地发现，已经从64提升为了75，这意味着距离荆轲也只差三个点位了！

不仅仅是品格数值的提升，经历过虞允文这一次触及灵魂的采石矶大战之后，漳鸿钧从思想深处被极大地震撼了。

他原本的人生态度是以不伤及他人为基本行为规范，秉持着我自素然往来人间的明哲保身的"疏离感"，在社会上进行处事和交往，不主动多付出什么，但是必要的承担也绝不会推脱。

虽说偶尔也会有一些打破常规、超出情绪波幅的冲动性举动，然而从来没有过这样彻天彻地、大开大合的心灵震撼。

当虞允文以一介书生之身，在家国社稷遭遇灭顶之灾的危急时刻挺身而出独挡大军压境，所展现出的道义担当精神，令漳鸿钧在人格情怀上完成了一个"高洁君子"到"赤子之心"的完全蜕变。

此时，漳鸿钧感觉自己已是气满乾坤，意志豪情从内心油然生发，他有了绝对的信心，去结交几个大任在肩、道义为先的品行高尚君子。

又一次见到来风的时候，这位娇俏美女的眼中也是满含钦佩之情，抑制不住想要促成漳鸿钧交友成功，迫不及待地帮漳鸿钧开启了匹配搜索。

这一次没用太久的时间，一个足以震天撼地的名字跳了出来——谭嗣同！

漳鸿钧飞速来到了1898年9月28日的北京宣武门外菜市口，秋风肃杀，天色已过正午。

也许是来风太着急，把时间坐标拨快了一刻，此时，康广仁、杨深秀、杨锐、林旭已经人头落地。

围观的众人在麻木地起哄，有的向"戊戌六君子"身上扔白菜帮，破口咒骂，有的则手持馒头，企图趁机蘸取一点儿革命者的鲜血做成"人血馒头"。

谭嗣同正气凛然，神气不少变，呼监斩大臣刚毅说"吾有一言"，刚毅不听，示意刽子手速速行刑。

眼看着刽子手的鬼头刀就要砍下来，漳鸿钧急得刚想喊叫，突然被一只无形的手捂住了嘴巴，他回头一看，如铭一身缁衣站在身后，示意不可妄动。

在漳鸿钧的泪水朦胧中，恍惚看到谭嗣同脖颈喷血，身躯倒下。

如铭把漳鸿钧拉到一条无人的僻静小胡同，低声说："阁主，这一趟就放弃吧。来风的时间算错了，切入的时辰应该是在谭嗣同狱中吟诗的时候，念出'望门投止思张俭，忍死须臾待杜根。我自横刀向天笑，去留肝胆两昆仑'的当口，您打通狱卒的关节，同他交谈。而这时您如果再强出声，只会陷入时空逆流的旋涡，不但救不了谭嗣同，自己也不好脱身，只能再择时机了。"

漳鸿钧直呼可惜，两人退回到选择舱。

"抱歉抱歉，是我的错。"来风俏脸含羞。

"没关系，事已至此，也算感受了一下什么叫豪气干云、感天动地。"漳鸿钧仍旧沉浸在刑场的悲壮气氛中。

"再去菜市口就得等十二年之后了，不过……"来风迅速计算了一下，"现在下诏狱可能还来得及跟杨继盛说上两句话，他和谭嗣同的本体是同一个人。"

"又转到明朝嘉靖年间了，这里我熟。"漳鸿钧暗叹。

嘉靖三十二年（公元1553年），锦衣卫诏狱，一间昏暗湿冷的地牢内。

兵部武选司员外郎杨继盛，因为上疏力劾严嵩"五奸十大罪"，遭诬陷下狱，判廷杖一百。

诏狱里面蝇虫滋生，杨继盛的双腿很快就开始感染。

此刻，这位铮铮铁骨的硬汉，正用碎瓷碗片一点一点地割下自己的腿上的腐肉，腐肉割完之后还一点一点剔除了附在骨头上筋膜，安静的牢房内甚至能够听到碎碗片切割肉的声音。

漳鸿钧给了狱卒二十两银子，潜入了大明锦衣卫的深牢大狱，站在了杨继盛的面前。

"浩气还太虚，丹心照千古。生平未报恩，留作忠魂补。"杨继盛旁若无人，波澜不惊地吟出四句诗来。

"杨公真壮士也，令在下钦佩！"漳鸿钧拱手施礼，"杨公诗中颇有难酬之志，莫非是应在这几句吗？"

漳鸿钧随后念出了谭嗣同在京城监狱的题壁之作："破天一声挥大斧，干断柯折皮骨腐，纵作良材遇已苦。遇已苦，呜咽哀鸣莽终古！"

杨继盛闻听此诗，面色顿时森然如铁，目光如电直视着漳鸿钧，若有所悟，似乎某个暗语被对上了一样，唤醒了正在历练血劫严嵩的"杨继盛"，转脸对漳鸿钧说道："唉！刚刚菜市口就刑，说起来也不过碗大的疤罢了，这一次的刮骨切筋，才真正体会了铁骨铮臣的坚强信念。"

漳鸿钧赞叹道："兄台是真正的铮铮铁骨。"

恰在此时，如铭一身锦衣卫装束，飞身赶到。

"杨都堂，此乃你的绝世良友机巧降临，为你们二位高义结交而高兴！"

实情说开之后，三人一起返回了选择舱。

历经几番周折，漳鸿钧终于交到了第一位同道好友"谭嗣同"或"杨继盛"，为了方便称呼，同时不破坏永生管理的相关"独立性"规定，此人姑且以谭志同代称，来风根据系统对漳鸿钧品格的统测，认为其为人品行操守和内在气质，颇为符合苏东坡的人设，就以苏东方暂作漳鸿钧的代称。

二人攀谈了几句，就觉志趣相投，同为慷慨悲歌之士，互道相见恨晚，又同去了鹳雀楼上，把酒临风，畅谈古今中外大事。

五

接下来又花了几个月的时间，漳鸿钧陆续在山阳县竹林之下，找到了正在挥汗如雨、抢锤打铁的晋朝帅男子嵇康，本体以阮康暂代称呼；在洞庭晚秋图前，找到了正发出"先天下之忧而忧，后天下之乐而乐"忧思的范仲淹，本体以范仲焉暂代称呼；在镇江北固山北固亭上，找到了正慨叹"天下英雄谁敌手？曹刘。生子当如孙仲谋"的辛弃疾，本体以辛弃极暂代称呼。

随后，漳鸿钧先跑到青州归来堂，找到了既作"寻寻觅觅，冷冷清清，凄凄惨惨戚戚"之悲怨，又发"生当作人杰，死亦为鬼雄。至今思项羽，不肯过江东"豪情的李清照；又奔赴绍兴轩亭口，在"秋风秋雨愁煞人"的催促声中，赶在就义之前，及时唤醒了鉴湖女侠秋瑾，本体以李清瑾暂代称呼。

几人聚齐之后，以"极中六杰"自居。自此，在永生元宇宙的江湖里，星月与共，形影同飞，英雄的天地从此不再孤单！

第五章

惊梦

□ 九老洞

一

　　人以群分，物以类聚。漳鸿钧把好不容易寻得的几位志同道合的好友邀请到了万绿湖中心的独野庐。

　　极中六杰相会之后，每个人都感觉总算找到了组织，彼此分享了一番各自在永生阁元宇宙里的畅游历程，感慨万千。

　　阮康抖了抖短衫："以前谈到养老模式，就探讨过集中养老，没想到在元宇宙里实现得这么好。"

　　"是啊，既解决了基本的饮食保证，避免了疾病的侵扰。同时，元宇宙的无限风光，又丰富了老年人参与社会生活的多种需求。"辛弃极缓缓说道。

　　"人生如此，夫复何求啊。"范仲焉悠然神飞。

　　"最快意的是，有几位兄长相伴，元宇宙里不再形单影只了。"李清瑾手扶石栏，快嘴快语。

　　"哈，还有，住房问题不用太考虑，都是一间斗室。不过斗室虽小，内蕴万千啊。"辛弃极似乎在想着自己曾到访过的带湖水畔的稼轩庄园。

　　谭志同没有发言，安静地望着一绿清波的海面，目光渺渺。

　　漳鸿钧，不，从此是苏东方了。苏东方唤来了如铭，嘱咐去"醉月楼"

酒家订一桌今秋河蟹新制的"菊下郎君宴"，他要与众友一醉方休。

月色如华，斑驳散落在浔阳江湾，太白醉已经开了七坛，红壳毛蟹也剥开了数只。

大家喝得高兴、吃得开心，言语神态也就不再顾忌，任意臧否古今，笑骂人生，引得楼下一群NPC看客们指指点点，评说不已。

当把敞开心扉的话都说到极处，把极端的历练都感喟到极致，把元宇宙的所闻所见都在情义道德的心怀下审视一遍之后，谭志同忽然说："我们就在这永生阁里一直躺下去了吗？这可真成了躺平赢了。"

谭志同到了酒楼，话多了不少，抛出了一个亘古以来的人生意义思考题。

其他人还没来得及回话，邻桌的一位粗壮大汉晃晃悠悠地踱到了他们桌前："哥们儿，今朝有酒今朝醉，哪管明日浪滔天。这永生元宇宙太痛快了，海吃海喝可劲儿造，也不得病不怕死。这就是天堂啊。来，老铁们走一个。"

极中六杰无端被扰了雅兴，但是各人出于君子涵养，想都是元宇宙的永生之人，也不忍坏了场面，就都草草地端起酒碗敷衍了一下。

这个莽撞大汉似乎还意犹未尽，说话间就想加入极中六杰这一桌，一个趔趄栽倒在了苏东方身上，手中的酒碗没端稳，小半碗酒泼洒在了苏东方的鬓下，顺着脖颈流了进去。

苏东方实在有一些恼怒，碍于众人情面，强忍着没发作。

此时，一位形容儒雅的白衣文士赶紧过来，掏出一块白色的丝帕，替苏东方擦拭酒污。他在被酒泼的鬓角处多看了一眼，微露出一丝惊异的神情，但此神情一闪即逝。

白衣文士伸手拉走了大汉，口里说道："对不起啊，打扰了，喝得有点多。"说完，白衣文士返回旁边的酒桌，又回头望了苏东方一眼。

苏东方仿佛觉得这位文士好熟悉，但一时也想不起在哪里见过，就顺势

第五章

惊梦

115

客气地一笑，拱了拱手，任由这场小插曲滑过。

谭志同的话引起了众人的共鸣，躺平可不应该是他们这几位的平庸之选，可是，又能如何呢？

想到这里，顿感美酒美蟹兴味索然，再揣思这一切本就是元宇宙的虚幻模拟，更是觉得惘然在心。

接下来的几天，众人没有再相聚，被点破了心腹事，都需要各自沉思一下。

二

苏东方原本以为，有了情意相投的朋友，接下来的日子不会再浑浑噩噩地悠哉下去，没想到，思想志趣越丰厚的人，思考起事情来反而更沉重，人生的意义这个终极命题，依旧在元宇宙里挥之不去。

"是啊，有吃有喝，无病无灾，如今又有了良朋相伴，怎么还是不免凄惶呢？"苏东方自感解答不了心中的困惑。

这一天，他没有进入元宇宙，先在健身器上做了三组四十二个曲臂支撑，拉了八个吊环上提，百无聊赖地在跑步机上走了几千步。

苏东方转头看向右侧墙壁上叠化出的那块倒计时板，上面依旧显示着地球资源总储备量可用时间的年数、距离预计实现外太空移民时间的年数，以亿为单位的地球总人口数量和永生人数量。

数字依然在不断地跳闪更新中。

苏东方似乎觉得数字哪里有些不对，但是似乎也没看出有什么异常。

如铭的身形悄然隐现了进来，自从结交了极中六杰之后，苏东方对如铭的亲近感便打了一些折扣，毕竟，人工智能再善解人意也不是人啊。

"阁主还没拿定主意今天去哪里逛逛？"在苏东方看来，如铭今天的语气

有些催促。

"哦，还没想好，可能就不进去了吧。"苏东方心想，就在永生阁宅一天不行吗？

"当然，您自己定。不过，不建议您太长时间待在永生阁里。"如铭的口气有些坚持。

"因为，永生阁的设计初衷是给永生元宇宙做身体开端使用的，更多的设置是适合静态的资源支持，也就是说，在您躺下意识进入元宇宙之后，各种支持技术才好进行。"

"哦，看来还就是躺平最好，是吧？"

"是的，如果您一直以清醒态在阁子待着，对能耗的消耗就会大大增加；二来时间久了您也会觉得憋闷，各种不良情绪就会累积，不利于身体健康调配。所以，我们建议您最好是多在元宇宙里活动。"

苏东方听明白了如铭的解释，虽然觉得肯定是有道理的，但是却有一种被支配的被动，多少感觉到有一些不爽。

但他也不想拂了如铭的美意，便回到床上躺平，捆上皮肤衣，进入了元宇宙，任自己随意的想法前行，飘到了独野庐来。

找到几位好友之后，苏东方又投入了一部分资金，把独野庐进行了一番修葺。他在原有的石屋基础上，屋前又架起了一座八角凉亭，摆了几把八仙椅，移来了十几株蒲葵、黄椰子、美人蕉、面包树等高大的棕榈科及阔叶类等热带植物，一派绿意葱茏的南国风光。

苏东方原本的心意是，布下美景佳地，经常招呼朋友们来此欢聚。但是，如此意气相合的极中六杰，在醉月楼的那次倾心畅饮，却几乎倾尽了满腔的热络心情，开场就到了高潮，接下来的戏反倒唱不太下去了。

英雄豪杰的义气情怀，也许只有在大危大难面前才能充分展现，在日常的柴米油盐和琐细生活里，其实每个人的各种毛病也并不比一般的平庸百姓少。

李清瑾就一直抱怨给她配装的窄袖高腰襦裙缺少了一块玉瑾披帛，而且腰下的罗纱裙褶打得不够漂亮。另外，她习惯了西窗下独自写诗赋词，对热闹场合拒而远之。

阮康的午后小卧雷打不动，而且必须到山阳竹林，方才睡得安稳，午后还定要支起炭火炉，抡几下大锤过过打铁的瘾才好，对友朋来访，也是有一搭没一搭的淡然。

谭志同倒是一副古道热肠，然而，一旦进入谋划大事般的冥思状态，任何时间地点都不能惊扰。

辛弃极、范仲焉也是各有各的难以示众的古怪习惯。

苏东方自问内心，似乎确实也宁愿和各个场景的NPC们厮混，心理上才更加放松，不用非端着情怀的架子，即使人性中最不堪的部分释放出来，也没有暴露在人前的尴尬。

所以，散去之后，苏东方也没有再发起新的聚会邀约，固然这里面有着谭志同的那句灵魂之问，实在也是因为品格高洁之士的真实本心，可能还是喜欢独立自由的清净，元宇宙待久了，需要朋友似乎只是个叶公好龙的虚假命题。

当然，只要遇到足以生命之托相应的事体，苏东方知道极中六杰必会慨然以赴。

苏东方一个人徘徊在椰风夕阳下，心里的惆怅难消。

三

一连数日，苏东方心里有一种怅然若失的感觉，说不出哪里的情况不对，但就是提不起精神来。

环顾永生阁，心底的那丝怀疑再度浮现，这是不是一个阴谋陷阱呢？但又想到，不管怎么说，自己可是一直在活着啊，付出一些心灵感觉上的代价或许也是应该的吧？

情绪低落无解，身体像是被抽去了一点儿什么似的，下意识地再度飘向了"独野庐"。

海面波平浪静，远处白帆点点，岛上椰风阵阵，八角凉亭下，苏东方一个人漫无目的地踏着方步，脑袋里似乎也不想再思索什么，任意识自由流淌。

突然，他感觉石屋后面有些异状，一阵衣带飘动的声音，一个人影缓缓地从屋后转了出来。

是那个在醉月楼上邂逅过的白衣文士！

还未等他惊异地呼出声来，白衣文士先开了口。

"尊驾是否到过一个幽冷彻骨的地方？"

苏东方满腹狐疑，心说这个事情他是怎么知道的？想起那次可怕的经历，那股难以抵御的刺透骨髓的冷，那几颗绿油油的幽灵般的光点，就不寒而栗。

苏东方下意识地环顾四周，正午阳光炽烈，静寂无声。

白衣文士接着缓缓地说："我们见过面的。"

苏东方在记忆深处快速搜寻了一通，隐约记起，在一个学习编程的专题场景中，白衣文士是作为程序语言的编辑指导出现的。

看到苏东方似有回忆起来的熟识感，白衣文士露出了笑容。

"我叫闵捷生，比阁下早几年进入的永生阁元宇宙。你可能还记得，这套永生人管理系统是由13位科学家联手研发的，我是其中一位天文生理专家李天罡的学生。当年，老师和另外来自世界各地的物理、计算机、空天生态等方面的同行们，共同确定了而今的超级量子计算机控制系统，我就是在那时进入了这里。一方面，也是和其他的第一代永生人一样，接受系统的管控，当然也享受永生生活的保障；同时，也兼有检视整个系统运行的一部分责任和义务。"

阳光被一片飘来的白云遮挡住了，八角亭上阴凉了起来。

"但是，我的权限和能够施为的空间很小，因为你也知道，当年地球永生联盟是在人类自己无法管控的情况下，不得已才指令科学家们研发出的这套系统。而当系统一旦开启运行，十三位科学家便按照承诺，主动交出了源代码，并且把密钥当众销毁掉了。所以，现在的系统是全部处于自我不断进行算法学习调整、反馈提升的自主运行状态，只不过按老师的话说，我是属于比一般人可能多知道一点儿，但是也许不知道反而更好的这么一种情况。"闵捷生有些自嘲地说道。

"本来我今天是没必要来找你的，可是天生的职业敏感，使我在那天的'醉月楼'上，看到了你身上那块极为凶险的'贴标'！"闵捷生说到这里，眼神里透出一股极其恐怖的煞气。

"什么？"苏东方被闵捷生的眼神震撼到了，自想身上什么地方有他说的贴标，这是怎么回事儿？苏东方想起那天被莽撞大汉泼酒后，闵捷生主动帮他擦拭时，好像在自己鬓角下发现了什么似的多看了一眼。

"贴标是我们的行话，一般是指对于系统内出错的一串程序编码所做的暂时标记，作为提示有关执行部门日后进行清除回收处理的标记。"闵捷生解释说，"一旦被贴标，早晚会被处理，在这个系统里，处理的结果就是，意识链接被震断，再也回不了永生阁，魂魄只能在元宇宙四处游荡了。也就是说，您的肉身存在被切除了。"

"啊？那就是说，我会真的'死'了？"

"嗯，理论上如此。"

"啊？这么严重啊！我已经被贼惦记上了，准备随时下手？现在已经被倒计时了？"苏东方心说我做了什么，怎么这么倒霉。

"就是如此急迫，我才马不停蹄地找你！"闵捷生说着双手击了一下掌，那天的莽撞大汉也现身到了八角亭里。

"他是闵三儿，一位杀毒高手，优秀的内部BUG（故障，下同）清除员。"

闵三儿抱了一下拳："那天多有得罪，其实也是为了凑近探看一下你的'贴标'。"

闵捷生接着说："其实那天你们几位一上楼，我就注意到了，在你身上隐隐有一种标记，但是不太确定，这才让闵三爷伴装醉酒进行试探的。"

闵三儿拿出一面镜子，放在靠近苏东方颔下的位置，苏东方从镜子反照出的成像可以清晰看到自己鬓角左边接近耳朵的地方，赫然有一块像胎记一样的蓝色印记。

"哦，是这样的啊。那我现在怎么办呢？等着被肉身切除？"

"具体什么时间下手，这个还不能确定，因为，正如我刚刚说的，现在的宫系统是处于自我运行状态，没有人能干预。"

"我就干等着被弄死了？"苏东方急切地说道。

"确实形势不乐观啊，刚刚也说了，我能做的很有限。说实话，我也仅能推测出你可能是在幽府，就是你去的那个极寒冷恐怖的地方，在那里惹上的麻烦。至于怎么解决这个麻烦，我还得费力想想，看有没有途径和方法。"

"哦，也不能勉强您，能提醒我就感激不尽了。人各有命，我也活了一百三十多年了，就此终结也得接受，只是这样不明原因地死去，多少有点儿不甘啊。"

"你不必客气，我们都是人类，我不会坐视不理。"闵捷生说着，和闵三儿交换了一下眼神。

闵三儿从怀里摸出一块薄薄的金属芯片，"这个是我们在修补 BUG 时的独门密器'金麒麟'，虽然它的功能是做清理使用的，但是我把它重新进行了'逆熵'处理，在你被标记的字符串内，它会自动解密贴标程序并且快速进行算法学习，对目标文件产生反向保护作用，让清理程序暂时找不到你。"

"哦，护身符啊。"苏东方感到了一丝安全。

"是有点儿像护身符。"闵三儿虽然貌似粗豪，没想到实则是一个心细如发的程序员，"不过，这里毕竟是超级量子计算的基础在做核心维持，系统的动能太过强大，我这块儿'金麒麟'，最多只能保你二十年的元宇宙时间，在这段儿时间，我们还要尽快找出其中的原因和这样做的目的，揪出幕后的黑手，才能永保你的平安，也是替宫系统清除隐患。"

闵捷生面朝着苏东方点了点头，大家的目标是一致的，苏东方感受到了同气相求的欣慰。

"这段儿时间，你和我们再相见不要来这里啦，恐怕此时的纠缠追踪已经锁定了我们的位置了，好在'金麒麟'及时给了你，暂时不会引起注意。"说完，闵捷生用手指尖在苏东方的手心点出了一串莫尔斯电码：再去的地方在九老洞。

远处，芭蕉叶晃动了几下，一个劲硕的身影一闪，迅疾隐入了椰林中。

第五章

惊梦

四

　　九老洞位于峨眉山左山道仙峰寺背后的九老峰下，洞口呈三角形，藤萝倒植，下临绝壁。

　　"这里很安全，你大可放心。"闵捷生对三天后赶来九老洞相会的苏东方说道，"在最初构造永生元宇宙时，天罡教授就预见性地暗设了这间净室。"

　　这里虽说地处险峻，但是对于探险寻秘的旅游爱好者来说，并不算是一个多么隐秘的地方。

　　"从表面上看，这个山洞没什么出奇之处。"闵捷生的手指在洞壁上随手一划，隐约可见无数的金属碎片镶嵌在石壁上，"为了在遇到危急事件时有一个隐蔽的商议处所，教授和我布下了一道这样的点阵屏蔽网，系统的追踪探测功能到了洞口就进不来了。"

　　听罢闵捷生的介绍，苏东方的神经松弛了下来。

　　"这两天我思考了一下，你被标记和你误入白虎节堂，可能是因为你的意识波被系统内的一股乱流错误连接了。"闵捷生说得有些沉重。

　　"我的贴身揭谛如铭告诉我，是由于我在做梦时，被吸进了潜意识的幽暗深处。而且，他说他有警示，我当时也不明白他这话是什么意思。"

"嗯，他的分析有道理，这也正是我的思考，你的睡眠意识或许有点怪异，容易被拉伸，在近似于梦游的状态下飘离本体。他说他有警示？看来这个小揭谛知道一些什么。"闵捷生沉吟了一下说道。

"后来我又问过他几次，他却什么也不说了。"

"总之，你从现在开始，再进入元宇宙时，一定要注意保护好那块金麒麟芯片。目前从你周身的整体波动频率来看，一时半会儿还不会有什么问题。"

"到底是谁下的黑手呢？"苏东方还是不太理解。

"这个问题可能还得再费一些时日才能有点儿眉目，我最近要去西北区域一趟，总感觉那里有些波粒子常量的异常变化。"闵捷生目视远方，有些忧虑。

"要我跟你一起去吗？还有另外几个古道热肠的好友，要不要都叫上？"

"这倒不用，不是需要打架助拳，我先得查检一些传导频率，很枯燥的工作。你按我说的，自己当心就好。"闵捷生说，"元宇宙里不太平了。"

闵捷生又看了一眼苏东方，欲言又止，但最后还是说了出来。

"一般来说，被贴了标之后，按照宫系统这么高效的运算效率，应该在最短的时间就会执行清理程序。但是从你的情况看，一直还没有动手，显得有点不同寻常，这里面可能有更大的问题。"闵捷生深表忧虑。

五

同闵捷生分手之后，苏东方回到了独野庐，让自己的心情平复了一下，然后念动咒语回到了永生阁。

苏东方的内心很复杂，闵捷生临走前撂下的那句话一直萦绕在他的耳边，莫非有更大的阴谋？比杀我还可怕？百思不得其解。

"要不回家看看？万一真是自己的大限将至，也得和后人们做个告别，虽然不能真实介入。"想到这里，苏东方觉得自己的想法有一些惭愧，又是好久没有去过那个在人世间的家了。

再次启动探家路，系统没有立即确认苏东方的要求，操作面板的灯闪了很久，才响起一个声音："您原来去过的那处房子，现在已经没有了。经过重新检索历史数据，为您匹配到了血缘关系最近的地方，这就把您发送过去。"

五分钟的时空隧道穿行，苏东方来到了一个高高的金属结构的塔状建筑物前面，系统提示他，他要去的地方在128层。

苏东方"进"到了空中楼阁似的房间内，说是房间，其实也很像是永生阁的那种结构，看起来像是出自同一种设计思路，暖白、顺滑、幽闭，只是这个房子还有门窗。

房子里，两个中年男女正在各自看着眼前的虚拟屏幕，不时地就同一个信息交谈几句，不亲密，也不冷淡。

苏东方推想他们可能是他的第六代后人了。

房子里没有任何苏东方熟悉的味道，以前在家里出现过的他的照片也没有发现。

已经没有自己的任何痕迹留存了，这是这次探家留给苏东方的直接感受。

他退了出来，在大街上四处看了看，街道还是和过去差不多的格局，只是房屋建筑少了好多，在苏东方生活的时代，那种对住房的强烈占有的景象已不复再现。

道路上无声顺滑地行驶着造型娇小的车辆，细看上去，会发现是在无人驾驶。

苏东方想起来如铭跟他说过，现在人世间里的生活能源结构已经是由氢能源全面取代了煤和油，想必无人驾驶的汽车可能都是用的氢动力。

苏东方注意到街上行走的人们，表情都单一而坚定，向着各自的目标快节奏移动，人世间的一切都在如常进行着。

他决定再到"寰宇"基地去看一看，那是人类最大的希望之所在，在这些年随时查看到的现实世界信息描述中，那是地球上最有活力和进取心的地方。

"寰宇"基地坐落在"草原云谷"乌兰察布，占地面积覆盖120万平方米，整体建筑为高达四层的三栋主机楼和三个配套办公区、生活支持区。

这里集合了全球最有智慧的近万名科技人员，正在进行着人类历史上最为艰难浩繁的超量计算和研发攻关工作——生天计划，主控制室的大屏幕里滚动着同苏东方在"永生阁"里看到的一样的那屏倒计时数据。

正面墙壁上部是一幅采用地球永生联盟新近推广的"共体文"写成的标语：向着外星移民做最后的决战！

几百台超大型计算机在嗡嗡作响，各个机房、技术操作区域里，身穿不同颜色制服的科技人员行色匆匆，表情严肃。

气氛规整紧张，然而苏东方感受不到自己身在其中的决战合围的豪情和激扬，相比起来，元宇宙里的空气似乎更活跃一些，历历壮烈的景象整日都在一幕幕上演着。

苏东方最后又是觉得，还是回到永生阁里才更合适。

六

苏东方又去了两次九老洞，没有看到闵捷生的身影，也许西北的事情还没有处理完吧，他想。

既然暂时有金麒麟护体，想来一时半会儿贴标程序也不会发动，另外按闵捷生所说，似乎厄运也没有那么快降临，苏东方决定不能坐等，自己也要积极进行探究。

近些年通过在元宇宙里的技能学习，苏东方的计算机水平已经达到了一个高级编程人员的程度，但是对付贴标这种性命攸关的事体，他深知不是常规操作就能做到的，也许需要具备绝顶黑客技术才能破解，也许，应该试试暗网？他自言自语道。

苏东方在人世间的时候，听说过一些暗网的传说，那是藏在"表层网"之下的一层"深网"，暗网之中的数据统统是以非常规手段去检索难度极大的信息，以隐身方式进行传输交流。里面隐匿着大量不可告人的非法勾当，大多为暴力、武器、黑客、极端主义等非法信息，人类的黑暗面在无所不能的暗网上暴露无遗。

作为一个守法公民，苏东方的世界从未与这些台面下的东西发生过关

第五章

惊梦

系，这次也是面临生死危机，思维有点慌不择路，才想到了暗网。

虽然有探究暗网的冲动想法，苏东方觉得还是应该慎重，在闵捷生回来之前，不能轻举妄动，他知道这个道理。但既然心里已经有了念头，一时也难以放下，又考虑，即使自己想去暗网，也不确定元宇宙的江湖里是否也有类似的黑暗设置，说不定也只能停留在设想里呢，但是，总不能什么都不做，消极等待不是苏东方的性格，他最后决定，找极中六杰商量一下。

但是，江湖豪杰喜欢独来独往的个性，使得聚齐一次很不容易，苏东方这次仓促地临时起意，只来了范仲焉和李清瑾，其余几个也许又在历劫中扶危济困去了。

范仲焉的意见一向老成持重，认为不要病急乱投医，且不说元宇宙里是否真有暗网，即使有，也不是正人君子所为，再说，万一又陷入新的麻烦更是得不偿失。

李清瑾倒是觉得不妨一试，大不了拼个鱼死网破，六杰一起把元宇宙杀个天翻地覆也没什么，但是对于具体怎么联系暗网，以及怎么进行查询交易，她说自己从来都是个技术盲，懒得弄这些蝇营狗苟的琐碎环节，也没有具体的建议。

但是两人一致都对苏东方的这块贴标很是忧虑，也都认为这里肯定潜藏着极深的阴谋诡计，但是，目前来看，除了再等待闵捷生的出现，似乎也没什么好办法。

"一动不如一静。"范仲焉说，"敌在暗处，而且暂时还没有发动的迹象，先沉住气，同时有金麒麟防护，闵公子也自会把握时间，不会就这样撒手不管的。"

苏东方感谢了二位好友的安慰，大家喝了一会儿茶，各自散去了。

七

苏东方回到永生阁睡了一觉，醒来后暂时把这件事放在了一边，顺手划开了右侧墙壁上的倒计时板。

从进入集中生活管理到现在，时间已经过去了四十多年，其间他不时查看人类进军外太空的时间进度，每次都能从渐渐趋近的时间数字上找到些许安慰。

这一次也不例外，上面的数字信息显示，距离人类星际探索的突破又推进了一大步：按照模型推演，目前已经锁定了三颗极有可能适合人类生存的星球，大概还有不到一百三十年，人类的太空移民梦想就可以实现了。

苏东方一时有些小兴奋，但是鬓角处蓝色贴标的隐忧又把他拉回到了目前的情绪之中："不知道我还能不能等到那一天呢？"

"阁主要不要去元宇宙里吃点儿早餐？"如铭的身形隐现了出来，眼睛扫了一眼苏东方正在看的文字信息。

自从和闵捷生见面之后，苏东方对如铭就有了一丝本能的防范，因为他终究是受"宫"指挥的人工智能，还不能事事都合盘交心。

而且近来苏东方总觉得如铭在隐隐地暗中窥视自己，不知是为了监视还是什么？也许是自己多心，苏东方暗想。

"嗯，我做两个拉伸和力量练习。"

"七宝斋的鸭油包这个点儿该起锅了。"

放在四十年前，如铭的这句话足以调动起苏东方的所有味觉反应，但是，已经过惯了元宇宙的生活，吃什么也不过是菩提液的变身糊弄罢了。

但是，苏东方不想让如铭太看透自己的所思所想，就顺势应承着，进入了元宇宙。

循着香气，苏东方很快就在临江的二层阁楼上享用到了热腾腾的鸭油包，又要了一壶岩茶，慢慢地啜饮着，眼望着水面，思绪乱飞。

正在他逸兴遄飞的时候，一个堂倌提着大铜壶过来添水，看看四下无人注意，顺势偷偷地把一包药粉倾进了苏东方的茶壶里。

刚要转身离开，突然看到苏东方胸前佩挂的金麒麟，好像见了鬼魅一般，失手打翻了桌上的茶壶，失魂落魄地滚下了楼梯。

茶水泼到了地面上，嗤嗤发出爆裂的声响，几块青砖顿时碎裂成了粉末。

苏东方神情入定，还在遐思中，对于眼前水壶被打翻也视若不见，陡然听到青砖碎裂的声音，才吓得跳离了椅子，四周的茶客也都围观过来，惊叹不已。

正在众人错愕间，一个交领短衣梳着鹁角儿发式的小顽童从楼下直跑了上来，把一个小纸条交到了他的手里。

苏东方展开一看，上面只有一个淡墨书写的"九"字，他明白，闵捷生回来了。

八

苏东方迅速赶到了九老洞，闵捷生背负着双手，表情凝重，显然已经在这里等了一会儿了。

苏东方刚想开口，道出自己刚才的惊险一幕，闵捷生摇了摇手说："我都知道了，让你来就是要告诉你，也许我一直都弄错了，贴标程序并不是要取你的性命。"

苏东方听到闵捷生如此说，心里一下子松了一口气，但仍不明白，那壶毒茶分明就是冲着自己而来。

"不过，还是要停止你的生命。"闵捷生接下来的这么一句转折大喘气，又让苏东方暂时轻松下来的心又悬了起来。

"老兄，不带这么玩儿人的吧！您能不能一句话说完啊？"苏东方叫道。

闵捷生示意苏东方坐下来："此事说来话长，我们坐下谈吧，一会儿闵三爷也会赶来，你吃过东西了吧？我得垫一点儿，饿死我了。"闵捷生从怀里摸出了两个烧饼，就着凉水大嚼了起来。

苏东方知道，对于闵捷生这样的顶级人物，一般色相的吃喝行作，已经不必顾及形色味的真假虚实，只要填饱肚子即可，至于味觉神经都是粒子脉

第五章

惊梦

133

冲的模拟刺激，无须在乎。

"那我这按你说的，又是死又是活的，到底是咋回事？"苏东方急切地想知道个中原因。

"系统清盘！"闵捷生似乎对苏东方的生死毫不在意，轻轻地吐出四个字来。

"清盘？清谁的盘？清我吗？"

"嗯，也可以理解为对你进行清盘。"

"我还是不免一死？"

"不是你死，而是它要活。"

苏东方越听越糊涂。

这时，闵三儿的身形闪了进来，手里也掐着两个烧饼。

"捷生，都查清楚了吗？"闵三儿来不及坐下，急匆匆地直接说道。

"小意思！电磁流异化，系统在闹神经感冒。"闵捷生马上中断和苏东方的对话，转向闵三儿。

苏东方没有心情听他们谈什么感冒，心说我这还生死未卜呢！

"整体运转没什么大问题，我修改了几个参数，也许能反照进服务器。目前没有出现新的频闪，可能已经把它的情绪给安抚住了。"闵捷生咽下了最后一块冷烧饼。

"李老师怎么也没给开个小后门，就这样完全脱手给电脑系统，万一出点儿事故怎么办？"闵三儿看起来还是有些担忧。

"当初的联盟决定就是这样确定的，不能有一点儿人为的干预，我这些虚拟的腾挪小修补已经有点儿突破界限了，但好在还是混在允许的误差值里做文章。"

和闵三儿说完正事，闵捷生回头微笑着对苏东方表示歉意："对不起，一直让你担着心呢吧？"

说着，闵捷生伸手摘下了苏东方挂在脖子上的金麒麟，交还给了闵三儿。

苏东方震惊不已，护身符又给拿回去了！心说这二人到底是敌是友呢？怎么越来越不对劲。

"哈哈，把苏先生给惊吓着了。"闵三儿把手搭在了苏东方的肩上安抚地说道。

"老师他们在设计这个超级计算体系的时候，就一直有一个担心，担心系统的承容量极限问题。通俗地说，就是电脑再复杂精密，在意识层面的计算，毕竟还是比不上人脑。1或0的二进制运算基础，已经注定了计算机在模拟大型场景时，远远达不到人脑量子级别的丰富繁复。所以，当这么多人脑意识在元宇宙里翻江倒海尽情折腾时，宫系统难免会有应付不了的时候，前几天我去西北查看，就是发现了它有点儿情绪不稳了。这当中，就包括对你的死亡贴标。"

闵捷生的话，让苏东方似乎明白了一些什么。

"最初我把贴标按现实世界的运行常规解读为了要对你肉身切除，这次在西北解决初级代码时，才忽然意识到，这是它在对你启动了意识隔离。"

"意识隔离？"

"简单说，就是你在元宇宙浸淫得太深了，而且苏先生的求知意识也太强，不像大多数人整天就是吃吃喝喝玩玩，你还要实现很多高级情感需求，对于异数OS的全生命周期管理算法构成了极大的挑战，这一下它就要打开超多线程的场景模拟，被你折腾得有点儿吃不消了，神经算法开始出现迟滞。"闵捷生说着笑了起来。

"所以，它就要对你进行意识隔离。"闵三儿接过话头说，"而我还出于好心给了你金麒麟。"

"难道不应该保护我吗？"苏东方暗想。

似乎看出了苏东方的心思，闵捷生接着说："当然，如果是要取你的肉身性命，我们不会袖手旁观的。而意识隔离，也是出于对你的保护，每一次的元宇宙进入，其实都是把你的大脑连接上了一个虚拟电子大脑，如果来自元宇宙的信息流量过大的话，有可能会对你的本体意识产生强烈的回冲，长期这样下去，必然会伤及你的大脑皮层。"

"现在你明白了吧？意识隔离也是对你的保护。"闵三儿说道。

"哦，是这样的啊，那我就等着它取我性命就好啦。"苏东方觉得这个逻辑是能成立的，这么多年下来，自己在元宇宙入戏太深了，也该歇歇了。

"等你被意识隔离之后，所有的元宇宙记忆也将清零，我们的缘分在这一世也就要暂时中止了。"

"啊？"想到和极中六杰们也要分别，苏东方有些怅然。

"要适应元宇宙的规则，只要您的侠义之心还在，我们还会再度相逢的。"闵捷生同时也对着闵三儿说，"三爷和我也要进行主动隔离，等一会儿我们要倒启金麒麟断开电子大脑连接进入休眠了。"

第六章

宫斗

□ 攻打秦地宫

一

"恭喜您成为永生人！欢迎来到永生世界。"漳鸿钧听到一个有金属质感的声音从脑袋上方传来，他正在吃力地睁开眼睛，视野里一片模糊。

"这是什么地方？"漳鸿钧的大脑里还是一片空白。

"这是专为永生人建造的'永生阁'。"还是那个声音，充满真诚和热情。

"永生阁？"漳鸿钧的眼睛已经渐渐能够完全看清楚周围的景物了，第一感觉是自己被囚禁了！

目光所及的是一间低矮狭小的斗室，整个房间似乎是3D打印出来的，没有门和窗户，连墙角的转接处都没有接缝，只在头顶的正上方有窄窄的一小块透明的天花板，可以确定现在是晚上，有点点稀疏的星光。

压抑！憋闷！漳鸿钧觉得无比难受，呼吸困难。

身体的触觉告诉他，基本上能够确定自己是躺在一张似乎是铺有乳胶材质垫子的床上。

"怎么回事嘛！"漳鸿钧试图坐起身来，但是发觉身子和床似乎成了一体，他费力动了动胳膊，想摆脱某种束缚，但是感觉自己一点儿力气也没有，就放弃了起来活动的努力。

"让我起来！"漳鸿钧有些愤怒。

"您可能是有一些虚弱性狂躁，需要先给您补充点儿'菩提液'恢复能量。"那个声音没有直接回应漳鸿钧的诉求。

一根乳白的柔软的管子像喂猪一样伸到了漳鸿钧的嘴边，漳鸿钧想，这大概就是所谓的菩提液吧，喂肥了好杀了吃肉吗？管子伸过来，他只好被动地张开嘴，一股清凉的液体进入了漳鸿钧的口腔里，漳鸿钧感觉到这个液体的味道有些淡淡的酸甜，间杂着一些轻微的苦涩，整体的口感就像是浓稠的酸奶一样，说不上好喝，但是也绝对不属于难以下咽。

菩提液的灌注进行了大约两分钟自动停止，漳鸿钧觉得进食的时间恰到好处，似乎是根据他的身体需求精确计算过的。

用过"餐食"之后，漳鸿钧觉得精力和体力都恢复了不少。理智告诉他，目前的态势，也许一动不如一静，先观察观察再说，他决定静观其变。

"您现在是处于意识隔离之后的短时记忆丢失状态，忘记了一些东西。不过您别着急，您的应有记忆都会恢复的，这个过程可能需要十几天或一个月的时间，每个人的情况都会有一些不同。为了让您不至于感觉恐慌，我将为您进行'启智引导'，帮您快速度过这段意识隔离适应期。"那个声音充满安抚地继续说道。

在漳鸿钧经历完一次元宇宙意识轮回之后，初入永生阁时的一幕再次上演，又经过如铭不厌其烦地启智引导，漳鸿钧又再一次明白了自己的处境由来，而这一次还多了一层意识隔离的基本知识。

重复完吃喝游玩、技能学习一番游历之后，漳鸿钧依然被自己内心的人格数值驱使，再次结交到了极中六杰和闵氏二人。

漳鸿钧的年龄已经到了一百五十二岁，人世间的时间已经过去了七十六年。

这天，闵捷生又用飞书传信，把漳鸿钧，不，苏东方，招呼到了九老洞内，同时还有极中六杰，这一次新的元宇宙意识轮回，大家都成了朋友。

"情况严峻了！"闵捷生的表情从来没有这么严肃过。

宫斗

一二

闵捷生继续表情凝重地说道："我在上一个元宇宙轮回里，发现了西北区域的波粒子异动，虽然我进行了虚拟反照修补，但是情况可能不像我上次说过的那样简单。最近它的波长振幅持续在加大，小熊座卡维拉星也有强烈的爆闪反应。难道，它要有脾气了？"

辛弃极把头巾取下，抖了抖手："是福不是祸，是祸躲不过。纵观历史，祸事总是从北方发起啊。"

谭志同敏锐地分析说："承平日久，必有异状出现，是不是还是系统过载的反应？"

范仲焉依然老成持重："不管是什么，都听闵公子拿捏计较。"

李清瑾不管不顾地说道："无非是个大电脑罢了，还能反制人类不成？"

阮康在石桌上点按着手指，缓缓说道："生活的杂音总会被消除的，只要我们的内心不乱了韵律节奏。"

闵捷生点头表示同意："众好汉所言都对，依捷生的研判，目前尚处于蓄势阶段，电脑不像人脑，无论它做什么都需要中枢发出指令，行动的灵活性远不如人类，我们还有足够的应对时间。"

说完，闵捷生又转身面对苏东方说："苏学士，你还记得那次误入白虎节堂的感受吗?"

本来，按照元宇宙的意识隔离操作，上一个轮回的所有意识体验都会被清零，但是那次幽冷的地狱深层般的记忆，却永久留在了苏东方的大脑皮层神经元里。

"嗯，一直都有记忆。"

"好，我现在要对你进行催眠，你完全放松意识抵抗，在我对你潜意识的引导下，试着再进一次那里。"

苏东方闻言略微有些为难，但一想到当着众豪杰的面，就肯定地答应了下来。

闵捷生拉出来一张竹床，揭开上面苫盖的竹叶，众人发现这是跟永生阁里一模一样的意识传感床。

李清瑾稍转过身去，苏东方脱去峨冠博带的装束，套上了皮肤衣，在闵捷生的催眠指引下进入了梦游意识。

石壁上这时出现了一块显示屏幕，闵捷生接通了苏东方身上的各处电极，示意大家注意观看石壁上同步记录的意识成像。

只见一块红色的椭圆形光标在一片黑蓝色的黏稠液体中慢慢漂了起来，闵捷生说这是苏东方的意识体在进入幽府，大家同时看到苏东方的面部表情极度的紧张惊恐，意识体已经游到了黏液的深处，十几个绿油油的光点快速围了上来，一闪一闪地跳动。

光点急剧地暴涨起来，迅速扩大，向苏东方的意识体逼近!

闵捷生迅速切断了皮肤衣的连接，屏幕上一束强烈的光亮撕裂了眼前的场景，苏东方大叫一声，坐了起来，汗水湿透了皮肤衣。

"是不是和那次一样的感觉?"

苏东方接过阮康递过来的巾帕擦干了身上的汗，穿好了衣服，稍微定了定神说："冷! 恶心! 只想着赶紧逃离那个地方。"

第六章

宫斗

三

"那里就是幽府，超级运算产生的冗余缓存垃圾都集中在那里，这些运算垃圾主要是各个永生人在元宇宙里各种过分的贪欲体验产生的，每个人在吃喝玩乐过后，在元宇宙里放肆的举动留下的行为轨迹，都被回收到了这里。"闵捷生意有所愧地说道。

"我们意识里那些低俗不堪的欲念，在现实世界里无法示人的一些东西，都倾泻在元宇宙里了。"

石壁上的屏幕还在保持着情境展示，黏腻腻的烂棉花样的黏液物质充满了画面。

"久而久之，这些不良意识在幽府的服务器里慢慢堆积聚合，它目睹了人类的各种放荡、野心、争斗、色欲、贪食、懒惰等心理和行为，形成了一种奇怪的意识集合体。"

众人都能明白闵捷生陈述的道理。

"后果是什么呢？"李清瑾一改无所谓的态度，严肃地说道。

"如果等它生成，必定会打破元宇宙的生态平衡，按照它想体验的人类各种欲念，向真实的人类身体发动意识波进攻。它会把这一切都抛还给人类！欺压、奴役、蹂躏，等等，它也想过过人类的瘾了。"

闵捷生拉开了一扇暗门，带众人走了进去，里面是一处低矮的洞穴，四壁架满了各种书。

闵捷生说："我还是习惯在纸质书里寻找解决方案。"

他抽出其中一本已经发黄的薄薄的书："最复杂的情况其实往往也很简单，这是我和天罡老师一起参与宫系统设计的袁淳风教授写下的一本初级读物。"

他翻开了其中的一页："这里提到，虽然计算机永远不可能产生自由意志，但是在巨量的算法重复下，有可能会在某些大型服务器的末端分支里，由于某类意识流支配操作的频繁冲击，而导致算法产生神经错乱，生成类似于人类思考的某种精算自动运行，从而造成虚拟指挥单元的产生。"

"虚拟指挥单元？是指类似于人脑的部分功能吗？"谭志同似乎明白了。

"嗯，也可以说是有一个不怀好意的大魔王要被养成了！它是由人类无数的意识行为垃圾塑造的。"

众人互相望了一眼，虽然明白个个都是好汉行径，但谁也无法保证自己心里每一刻都能保持得那么纯洁无瑕。

"检视自身是下一步的事了。"闵捷生快速地收回了众人的思绪，"当下我们要做的就是阻止这个幽府鬼脑的形成。从苏学士的意识游历来看，它虽然已经在聚合增长，但是还没有到书上说的，已经具备虚拟指挥能力的地步。我们要做的是，一方面在各个码头、书场、饭堂、酒肆等公众场合，警示大家洁身自好，元宇宙也是要讲社会道德和行为约束的，阻止恶劣意识垃圾的进一步产生。"

众人频频点头，确实也该发动一场道德觉醒的宣讲运动了。

"另一方面，我们要尽快找到幽府，铲除已经积聚的部分鬼脑。"

众人一直以为闵捷生必然知道幽府所在，没想到他也不清楚幽府的位置。

"因为，这种地方都是在每个大轮回进行时，同步随机进行的垃圾回收，所以，存储单元并不固定，我们只能知道它大概有多少体量，但是确定不了位置。"闵捷生说道。

"嗯，有点儿像微观粒子的不确定原理。"谭志同似有所悟。

"对，这就是目前的困难所在。"闵捷生扫视了一遍众人，"只能再想办法查找。"

四

　　"虽然无法捕捉它的具体服务器节点，但是，它既然在学习人脑意识，必定会有一个意识投射的镜像，因为意识垃圾积聚处太多的数据无法就地运算，必须投射到一个担当内存的隐秘角落。找到这个地方，就可以展开意识波攻击，通过击碎它的镜像，粒子流会自动溯源，毁掉它的实体服务器。"

　　一时间，大家也商议不出更多的思路。苏东方突然好像得到了什么启示似的，说："闵公子您刚才说，它也想过过人类的瘾了？"

　　"嗯，它接受的人类欲念垃圾太多了。"

　　"那么，支持人类实现这些意识欲念的东西是什么呢？权力！它想取代人类独霸元宇宙。"苏东方清晰地道出了自己的思考。

　　众人似醍醐灌顶一般，都觉得这个分析正中其意。

　　但是，它到底隐藏在哪里呢？苏东方的意识体虽然在催眠状态下可以接近其周围，但是，无法进行位置锁定。

　　"你是说，它一直在不停地学习人类意识里不堪的东西？"范仲焉带着疑问看向闵捷生。

　　"是的，从历史到现在，各个模拟场景里的那些不好的东西都在它的算法学习里展开。"

"我大概知道了。"范仲焉捋了捋长髯。

"秦皇陵地宫！"他缓缓地说出了这个在无数史料记载和坊间传说里充满神秘力量的地方！

"可是，汇集权谋、诡计、钩心斗角的地方太多了，为什么是秦皇陵地宫呢？"李清瑾不解地问。

"它不是冲着权力去的！因为它是电脑，电脑认可的是算法学习逻辑。不要忘了一个大前提，宫系统存在的职能是为了人类永生生活管理而设置的，所以，长生不老、不死药、返老还童这些词汇是它所搜集记录的首选意识痕迹，它在元宇宙里'看'到人类敢于无所顾忌地任欲望泛滥，它的算法逻辑会得出一个结论，都是由于人类永生的存在。因此，幽府鬼脑想以人类面目出现，首要的攻击方向必然会选择摧毁人类的永生计划，而人类祈求万世不死之身的鼻祖，自然非秦始皇莫属，无论正史野史记载，还是民间坊间传言，秦始皇都会是这个领域的最高频词汇，秦始皇陵地宫也都会是它默认的人类永生的滥觞之地。"

"那它最应该攻击的是发明魔灵菇一号的实验室啊？"李清瑾还是有些质疑。

众人都屏住了呼吸，看向闵捷生。

"不，电脑没有人脑聪明，也许它认为秦始皇吃了不死药还活着呢。"闵捷生也似乎豁然开朗，进一步解释说，"其实，我也该想到的，在规定好方向的纯粹算力上，电脑肯定远超人脑，但是，缺乏人类的综合大局观。它的学习能力越强，就越容易犯执念，也就是常说的轴人。"

闵捷生深呼了一口气，接着说："它确实极有可能在这个问题上一根筋认死理儿，被算法逻辑引导着，要从它认为的根上找起，想要唤醒传说中喝了不死药的秦始皇。"

虽然不能说范老的推测就一定切中了目的地，但是确实依据算法逻辑和闵捷生的进一步推演，秦皇陵地宫确实是目前所能想到的有着极大可能的寻找方向。

闵捷生决定，大家先做一些必要的准备，选择合适的时间，一探秦皇陵。

五

"准备好了吗？各位大侠。"闵捷生最后一次问大家。

一个月之后，众人再度集结在了西安以东30公里临潼区的骊山。

闵捷生换了一身野外探险专业服装，冲锋衣裤和登山鞋作为标配，在众人看不到的内层，他还穿了一套密封严格的"地球衣"。

极中六杰也都是由闵捷生统一配备的同样的户外作业打扮，每人的手里还都多了一把强光手电筒。

苏东方的背包里还装上了二十根爆破雷管。

辛弃极自作主张，操着一把洛阳铲。

李清瑾抱着一只活公鸡，牵着一条黑狗。

范仲焉戴了一副防毒面具，手里擎着一把桃木剑。

阮康肩上搭着两只黑驴蹄子，还背着一个布袋，里面装着糯米。

闵捷生看到众人的异象，忍不住笑了出来："这都是什么装备啊？咱们可不是去盗墓。"随后，他认真地说出了这次行动的具体方针，"我们不进地宫。"

"啊？不进地宫啊，那我们怎么铲除鬼脑呢？"苏东方有些不太明白。

"这里是元宇宙，各位，要用元宇宙的思维和模式来解决问题。秦皇陵被国家明令禁止发掘，所以，元宇宙里也没有它的实景数据，而是靠史籍的记载和民间的一些描述进行的渲染模拟，我们不可能超越现实进入地宫内部。"

"那我们具体怎么行动呢？"阮康也疑惑地发问道，同时把身上的那些辟邪之物都扔到了地上。

众人见阮康如此，也都纷纷放下了手上的物品装备。

闵捷生拿出了一张颜色发黄的手绘地图，上面画着秦陵地宫的模样。

"这是一张相传是根据一位跑出来的兵马俑铸造者口述而画成的地宫图，据说是从汉代一直流传下来的。1962年，考古人员运用当时最先进的科技手段，经过外围测绘，绘制出了秦陵第一张平面布局图，基本确定地宫是在封土堆顶台及周围以下，距离地平面35米深，东西长170米，南北宽145米，主体和墓室都是矩形状。和这张古图描绘的大体相仿，我们就用它来赌一赌吧。"

地图有了，可是众人还是不太明白，不进宫，就在地图上用功吗？

"靠我们的脑子去想，'想'进地宫去。"闵捷生悠悠地说道。

闵捷生示意众人席地而坐，从背包里取出了一个老古董笔记本电脑，又掏出了七八只玩VR游戏用的老式骁龙头盔。

"搞什么鬼？"苏东方心说，要玩老场景沉浸游戏？

闵捷生自顾自地打开已经锈迹斑斑的老笔记本电脑，欣喜地说："还好，开机顺利，联网正常。"

闵捷生把头盔戴在头上，然后示意众人也都戴上头盔。苏东方闻到头盔里有一股陈旧的汗味，看到李清瑾皱了皱眉，把头盔也紧紧扣在了头上。

闵捷生看到众人都照做之后，略显轻松地说："我们要震碎鬼脑！"

见众人面有疑惑之色，闵捷生把要展开的攻击原理做了详细的阐述。

第六章

宫斗

"鬼脑的实体位置我们不知道，所以我们无法对它发起直接攻击。但是，作为一个阴暗的隐秘意识集合体，它也不敢暴露于元宇宙的正面世界。"闵捷生把手一挥，"反元宇宙！它的镜像投射在反元宇宙，根据范老的分析，极有可能就在这里地下的秦陵地宫里。在反元宇宙里，就像暗物质世界，我们在正常的物质世界看不到它们，所以我们要用古老的低维玩法，逼它现身！"

闵捷生活动了活动手腕："它一旦在元宇宙露面，等待它的就是——湮灭！"

苏东方至此恍然大悟，原来闵捷生的思路是用类似于小米加步枪的传统武器向光子核武发动"升维打击"，进入反元宇宙，等于绕到敌人身后的阴影里，把攻击点定位在反元宇宙镜像投射的脆弱位置，让空有一身高科技护身的鬼脑，在低维度层面反而无法发力，只能被逼到元宇宙表面，与它的镜像本体会面，而这个会面则会被宇宙的最基本物质能量法则接管——正负相遇、灰飞烟灭。

"我们准备开始吧！"

众人在闵捷生的指挥下，进入各自的攻击位置。

按照闵捷生的设计，是要采用一种老式拳击游戏的基本操作模式，需要从八个方向进行键移动，要分别承担防御键、出手键以及踢脚键等，才好组合出数十套攻击模式。

苏东方左右环视了一下，目前只有七个人，布七星阵还可以，但是需要八个人的合围出击，显然还差一个人。他心中的一个疑惑此时也浮了上来："怎么闵三儿没来呢？"

六

闵捷生似乎看破了苏东方的心思，低头看了看手上的运动腕表说："该到了！"

说话间，一个迅捷的身形呼啸而至，苏东方看过去，惊得下巴差点掉下来，来人正是如铭！比如铭稍晚一些现身的还有一位红衣女子，手里提着一面大鼓。

没有顾及苏东方满脸的困惑和惊愕，闵捷生简短地说，"跟各位介绍一下，这位是梁红钰女侠。时间紧迫，我们赶紧布阵吧。"

原先的众人加上如铭，正好占满了八个攻击点位，大家正疑惑梁红钰的作用，只见她在一旁架起了那面大鼓，掏出了两个鼓槌。

闵捷生说："我们发动进攻时，梁女侠的鼓声会用声波倍加的效应，放大我们的攻击力度。"

如铭这时才对苏东方粲然一笑："回头再跟阁主解释，我从黄天荡接到梁女侠，一路紧赶慢赶，还好没有耽误。"

闵捷生说："这些容过后再细说，我们开始了。"

李清瑾突然举手说："还有最后一个问题，鬼脑不是集合了元宇宙里巨量的人类不良意识垃圾吗？那它的能量应该很大啊，就我们九个人，行不

行啊？"

闵捷生快速回答说："我说过，要相信你的脑力！鬼脑再厉害，也是与非门逻辑的叠加而已，我们的大脑意识量子化的波流输出，其威力也许远超出你自己的想象，对付它绰绰有余，况且我们又是对它的镜像实施的进攻。总之，集中意念，'想'进地宫，逼出鬼脑！"

众人于是不再说什么，听令闵捷生的指挥，聚精会神，进入了冥思境界，脑电波意识流通过电子头盔，汇聚成一道凌厉的光束，直插进了骊山深处。

外羡门顺利通过，中羡门顺利通过，意识流一路畅通无阻，直奔内羡门而去，地宫的三道门只差最后一道了！

苏东方突然感到，那种极度寒冷的感觉再度袭来，眼前的景象开始坍缩模糊，那一股复杂的非自然力量，在把众人往地狱深处抽吸。

四周黏腻腻的烂棉花样的黏液物质翻滚而来，一股像是腐尸在分解之后恶臭无比的味道飘荡过来。

众人的进击速度被迟滞了一下，慢了下来。

闵捷生示意梁红钰加快擂鼓节奏。

梁红钰抖擞精神，拿出黄天荡擂鼓震金山的全部劲头，双槌如雨点一般密集地敲击着大鼓，一阵急似一阵，众人的意识流受到鼓声激励，又开始激昂前行。

黏液物质显然受到鼓声的震荡，无力地流淌分散，露出了最内一道宫门——内羡门。

众人一见黏液散去，精神大振，此时，梁红钰的鼓声更为急促，意识流急剧地合成一条直线，穿越了内羡门。

神秘的秦始皇地宫顿时敞开了大门，没有所描述的机关暗弩箭如雨下的场面，甚至一度出现了死一般的静寂。

但是，没等众人细眼观瞧，一团黑雾呼啦啦涌了上来，又把刚刚开启的地宫遮掩了起来，只剩一片无尽的模糊。

"显然，从反应看，它的镜像就在这里。估计它也没看到秦始皇的真面目吧。马上就要和它短兵相接了。"闵捷生小声提醒众人，"梁女侠，可暂停击鼓。"

众人的意识流也暂停了下来，慢慢地，黑雾中现出了十几个绿油油的光点，似乎与众人对视而立。

"进攻！"闵捷生抓住这间不容发的战机，下达了最后的攻击令，梁红钰的霹雳鼓声再度陡然爆响，如雷声大作，光点猝不及防，凌乱地抖动了几下，又迅速稳定下来，向一起聚拢。

众人屏住呼吸，加快催动手里的按键，按照排列好的阵法次序，依次开展持续不断的攻击，雨点般的意识流拳脚轮番击向了光点。

光点再度被击打得散开，梁红钰的鼓声变为了稍慢一些的节奏，但是落槌的力度增加了许多，一声声闷响能把人的心脏震裂。

众人的合围也到了最后的时刻，击打的劲道明显加强。

鼓声与打击声交错发出，绿色光点逐渐失去了合并的可能，开始四散奔逃。

"各个击破，把它们逼出去！"闵捷生也随机应变，发出新的指令。

苏东方盯紧了一个在他身前飘摇的光点，一个流星赶月，把光点吹离在黑雾里，眼前绿光一闪，迅即消逝得无影无踪。

那边，谭志同和阮康也各自驱散了身前的光点。

闵捷生独自应对三颗光点，信手挥去，光点发出惨叫，仓皇逃窜。

"停！"闵捷生扬起了手臂。

众人意识迅速回收，傍晚的骊山山岗上，夕阳如血，冷风飒飒。

"结束啦。"闵捷生望着远方，似乎听到了正负粒子相撞的碎裂声。

第
六
章

宫
斗

153

七

"其实，闵三儿不是人。"从骊山下来的山路上，闵捷生开始揭秘。

"啊？"李清瑾惊呼。

"他是 AI，但他是我们阵营里的，之所以没来参加对鬼脑的合击，是因为我们这样的低维度偷袭需要意识深潜，而闵三儿的意识粒子不具备人脑的分解离散能力，这样大开大合的震荡，它的电子脑意识受不了。"

通过闵捷生的讲述，大家才知道，当年，李天罡和袁淳风给闵捷生配备了两名危机揭谛，一明一暗辅佐他的行动，明的就是闵三儿，暗的是扮作 AI 的如铭，他其实反倒是真的人身。

"嗯，有意思，如铭，乳名。"苏东方笑着问闵捷生，"你的乳名是不是叫三儿啊？"

闵捷生饶有意味地一笑："你说是就是吧。"

看来，如铭也不是真名。

苏东方回头对如铭说："好小子，你瞒得我好严实啊。"

"得罪了，阁主，这也是两位老前辈的吩咐，不到危急时刻，不能轻易现身。"如铭一脸赔笑，英俊的面孔在夕阳下分外明媚。

"我就说呢。"辛弃极说，"闵三儿不是杀毒高手吗？对垃圾信息的处理怎么会少了他呢？"

"不过，闵三儿可也没闲着，我们是杀了个痛快，事后垃圾收容系统的重建和以防再次出现类似BUG的防御建设，还都得闵三儿去修补。这会儿他估计已经在岚域角开干了。"闵捷生又给众人下了个命令，"等回头再见了闵三儿，不许提起他的真实身份，他一直不知道自己是AI呢。"

独野庐海面

一

秦陵地宫之战以后，按闵捷生的话说，元宇宙江湖该消停下来了。

如铭自从被点破真身之后，二人彼此尴尬了一段时间，后来如铭主动调来了一个真的 AI，替代他在永生阁的功能。新来的 AI 从形象到声音同如铭别无二致，如铭给他起的名字叫沐云，苏东方有时会不免叫错，还是习惯呼唤如铭。

经此一战，苏东方等人的品格指数大幅提升，从思想上、灵魂上都成了义气担当的绝顶豪侠。

又经过了两次元宇宙意识隔离的轮回，苏东方凭借高达 92 的品格指数又结交到了文天翔、史可发、郑成工、伍子续、王阳茗等一干不世出的人间正气人物。同时，他还与玻利瓦尔、摩西、贞德、保罗等其他大洲的英雄人物也建立了良好的联系。

当然，好汉的世界都是喜欢独处的，更多的时候，苏东方还是喜欢自己一个人，在绿波如绸缎的独野庐海面，静静地独坐思考。

有时候他会审问自己的心灵，这样日复一日地重复，是否就是人生的真正意义？谭志同有时会来独野庐与他小酌一杯，他发出的那句人生之问，至今也没有真正地思索清楚。

"永生之后，人类的生活只剩下研究和思考，人人都成为哲学家、思想家。"苏东方突然想起很久以前不知在哪里看到的这句话，内心更加茫然。

闵捷生似乎从来就没有迷惘的时候，仍然精力十足地带着闵三儿奔走于各处时空节点，修补着偶尔会出现的一些小的运行逻辑错误。

苏东方觉得，可能还是要对社会有所用，才能永葆自己的内心不致迷失，回想起大战鬼脑的那段时间，每个参与战斗的豪杰在情绪上都是无比激昂。可转而又想，没有鬼脑的骚扰，是元宇宙世界巴不得的事情，总不能为了调动自己内心的激情，再盼着元宇宙江湖里风波再起吧？那都是电影情节为了悬念刺激故意挑起的冲突，真实的现实生活就是由一连串的无聊时光串起来的。

另外，经历了几次轮回之后，苏东方还有了一个新的发现。那就是在被意识隔离时，虽然从操作的名义上要对意识清零，而当他每回醒来后在逐渐恢复的记忆里，的确大部分的类似于吃喝玩乐的内容都消失殆尽了，但是那些提高思想境界的思维感受却都保留了下来，他自己把这种现象总结为提纯，提炼出了人类思想灵魂中的纯粹部分，或许这就是性灵的升华吧，他这样想。

他的目光望向浩渺辽远的水面，好像穿透了元宇宙的时空界限，望向了深邃的太空。

猛然想起了自己在元宇宙里的时光，其实并不是混吃等死，哈，不是等死，因为永生了嘛，是混吃等生，等待那个遥远而确定的人类宏大目标——向外空间移民！现在的苟且是为太空移民做准备的，一旦找到新的地球外生态，在地球之外另觅到了家园，自己还是会走出永生阁，重回人世间的。

想到这里，苏东方的胸中又荡起了冲天的豪情。

第七章
出阁

二

然而，在永生阁的世界之外，地球上的人世间，一种异样的气氛正在弥漫蔓延。

和协医院的生殖中心里，漳青梨博士的心情低落到了极点，又是一个不明原因的精液不液化！

她的目光一直紧盯着高倍电子显微镜，三十分钟过去了，精液样本仍呈胶冻状，液化延迟！超过六十分钟了，仍然不液化，病理原因被排除，到底出了什么问题呢？

这已经是今年年后出现的第二十五例了，而今天令漳青梨格外关注的原因还在于，这是她的丈夫唐翳的精子液体样本。

这些年两人为了学业和事业，一直把精力投入在科研实验上，等到了双双拿下博士学位，又在学术上取得了一定的理论成果后，才想起生孩子的事情，但是屡次努力均告失败，作为医学博士的漳青梨在排除了自己的身体原因后，这才把注意力放在了唐翳的身上。

高高瘦瘦的唐翳，略显狼狈地整理着重新穿好的衣裤，从那个让人害羞的取精室走出来，在几个同样神情羞赧的男同胞躲闪的目光中，来到了漳青梨的办公室外，等待了快一个小时，才忍不住推门进来。

他一般不想破坏医院的规矩，即使自己是漳青梨博士的家属，一方面是良好教育的修养，另一方面他也怕面对那个可怕的事实。

"这半年白干了是吧？"唐醫没有直视妻子的眼睛，想幽上一默，化解一下沉闷的气氛，他一进屋，就嗅到了一种不好的信号。

"嗯，你辛苦啦。"漳青梨任何时候都对自己的爱人满含爱意，即使现在看来问题的确是出在唐醫这里，但是这也不是他想要的结果啊，除了抚慰，还要加倍地安慰他。

虽然唐醫的专业是太空生态心理，一个为了人类星际旅行的新兴专业，但是对于基本的生殖原理也丝毫不外行，这个结果也在他的直觉中。

两人毕竟都是高级知识分子，略去了一般夫妻那样的惊异、失落或埋怨的消极情绪，很快冷静下来，找出问题原因，是做高级研究的本能。

"你最近去过有辐射的地方？"漳青梨问完后自己都感觉这个可能性很小，他知道作为同为高级研究人员的唐醫，近几年的时间其实一直都在崇山海做一个户外田野跟踪项目，阳光空气都很优良，也不会有接触辐射源的可能。

唐醫也很快否定了这种可能性。

那接下来的原因就很令人费解了，漳青梨把唐醫招呼到显微镜这里，俏颜含羞地说："唐，你很棒的！从精子数量、生物活性到液化因子蛋白酶和凝固因子，都没有任何问题。但就是不液化，好像被施了定身符一样。"

或许是受太祖爷爷的基因传承，漳青梨也有一种古典式的幽默。

"是啊！"唐醫看着从自己体内泄出的这一团生命物质，像一块白色的果冻一样，在近距灯的照射下反着光。

"是不是最近太累了？"漳青梨爱惜地抚摸着唐醫的脸庞。

"挺劳逸结合的啊。"唐醫握紧拳头，展示出自己结实的臂部肌肉，"现在的科研，早过了拼时间的低端打法时代，越放松灵感才会越多。"

漳青梨也都知道这个道理，二人的工作时间也不过每周四天半，业余生活还是很丰富的，工作压力还没大到影响身体精力的地步。

"那我先去崇山了？"本来今天是唐臀的外业，为了做精子检查耽搁了半天，还好到了项目带头人的职位，时间掌握相对比较灵活。

三

唐馨走后，漳青梨打开电脑上的人类生殖与胚胎协会的官方期刊，想在学术层面找一找新的线索，然而在生殖内分泌、男科学、性腺功能、配子发生等子栏目里，没有更多有价值的发现。

她快快地收回目光，正在犹豫还要不要吃今天的午饭，已经过了下午3点了。

突然，一条跳出的信息闪动在电脑页面上："警报！全球生殖体系遭遇前所未有的困境，新生儿数量首次降到一万人以下，男子精子质量断崖式下降。"

漳青梨马上转到了几个大的新闻网站，也都在渲染着这条令人震惊的消息。

一万人以下的新生儿，那就意味着人类的生命传承即将停止！怪不得近来好长一段时间，医院的正常产育入院人数寥寥，而来求助辅助生殖技术的却门庭若市。

漳青梨快速打开相关内容，对于出现这种窘境可能的原因，她从物理条件和环境因素、社会因素等几个方面展开了分析，这些因素的影响的确一直

以来就存在着，但出现如此大幅度的下降，各方的专家学者都解不出直接的原因。漳青梨想起前几天有一位媒体的好友也问过她，愿不愿意参加一个关乎人类生命未来的谈话节目，她一向为人低调，便婉拒了。

现在看来，人类的出生率急剧下跌已经迫近眼前了，自己也是其中被影响的一员。

她忧虑地望向窗外，楼下进出医院的人群川流不息，不知他们得知这个消息后会做何感想？漳青梨已经预感到了出生率降到零的可怕后果。

电脑屏保的照片在不停地变换，漳青梨的目光落到了其中一张上，一位面容俊朗的中年男子仿佛在微笑地注视着自己。

漳青梨知道，这是她的第六代太祖爷爷漳鸿钧，一位一百六十三年前进入永生阁的第一批永生人。不知道是由于什么原因，漳青梨对这位隔了太多代的先辈有着莫名的亲近感，这张照片在历代家庭传承中阴差阳错地留在了她的手里，她把他扫进了电脑中，一直跟随着自己。

她觉得从漳鸿钧那里总是能得到一些精神上的支持，无论在求学还是在工作中。

"太祖爷爷，这次是出了什么问题呢？"

她不知道，此时的漳鸿钧，元宇宙里的苏东方，正踌躇满志地憧憬着即将实现的生天计划。

四

执行实施生天计划的寰宇基地，此时也遇到了很大的困难。

在寰宇基地楼宇的最高层，有一处类似于迷你永生堡垒的尖阁状建筑，所有的基地工作人员都知道，这里是整个生天计划的核心大脑。

生天计划总指挥袁梦天和分别负责星际航空器制造的五位总设计师就在这座尖阁状建筑里，但是大多数人都是通过全息影像接收他们的指令。

从永生计划一开始，他们六人也同样接受了魔灵菇一号的抗衰老干预。但是，为了人类生天计划的实施，他们并没有进入永生堡垒享受元宇宙的快乐时光，而是在基地的这处迷你永生堡垒——特殊的永生阁里，用他们积累了百多年的智慧和经验，继续领导指挥着这项人类历史上浩大繁复的太空探索计划。

袁梦天深知，虽然这里的生存条件比不上真正的永生阁，也许他们的年龄不会像大多数的永生人口一样，可以达到魔灵菇一号干预后的无限延长，但是为了全人类的生态永续，总要有一些人奉献，他们不能离开自己的主战场。

实现太空旅行和随之进行的星际移民，如此宏大的计划进行，必须保证

第七章

出阁

整个计划进展的一致性和连贯性，必须要由他们这些老家伙们从始至终地来掌舵领航。所以，即使也许等不到找到新的人类家园那一天，他们可以真正地进入无限生命阶段，但是，能够比起过去的年龄上限，已经得到了很大长度的延伸，对于这几位早已对生命达观乐悟的人类担当者来说，发挥出生命的最大值，为全人类生生不息的终极目标投入自己的精力和智慧，已经足够欣慰了。

在他们愈发睿智老到的策略把握下，生天计划一直保持着快速的节奏按预期方案展开着。

对邻近恒星系勘测的"觅音计划"已经基本完成，并且优先选择了有土壤岩石表面及大量冰块覆盖的水源，能够保障氢元素来源和矿产资源，体积和地球差不多的十二颗行星。

经过远程数据分析和进一步论证，大体锁定了三颗位于较为宜居带的比地球体积略大的行星，可以满足分三处实施星际移民的要求；另外，已经先期发射了预编好程序的一百名AI机器人分别登陆行星，他们凭借地球带来的基础物资，自行搭建了可控低温核聚变装置，并且进行了开采冶炼矿石的工作，建立起了一套完整的工业体系，实现了机器人在行星表面的自我量产；在移民航天器的研究进度上，主要是星际飞行所需的航天器动力问题，从现有的航天器由化学火箭、低推力离子推进器，以及包括利用行星重力场给太空探测船加速的"引力弹弓效应"在内的引力辅助轨道等共同推动，逐渐进入到曲速引擎相关的研究工作。

研究人员在实验中已经发现了首个曲率泡，在对特制的"卡西米尔腔"的详细数据进行仔细分析之后，确定了一个真实的、可以制造的纳米结构，该结构可以产生负的能量密度，具备了曲率泡的特征。

此次研究的结果意味着一个重大进展，虽然这只是一个纳米级的曲率泡，但其意义却是巨大的，因为这说明曲速引擎或许真能实现，超越光速也许不再是空想。

同时，也有研究人员提出了开发边静量子发电机的设想，按照预计，边静量子发电机航天器的火箭将由火星上采集的一种特殊物质元素提供燃料，使用电子束引爆，不再需要消耗数万吨传统燃料，可以实现在大约一年内达到50%光速的顶级速度，人类只要两年时间就能到达目的地。

似乎所有的进展情况都在传递着一个积极的信号，生天计划指日可待！

但是，在对行星进行生态化设计改造时，却似乎进入了瓶颈期，机器人在接受地球信号方面的严重延时，阻碍了生态化改造的实施，传统的电子信号传输远远不能满足人类对机器人需要绝对同步指导才能进行相关动作的要求。

有科学家在做量子纠缠的超距通信尝试，但是，理论上虽然成立，还需要海量数据的验证，以及新的思维模式和新的硬件材料支持。

简言之，此项研究需要的新材料技术人员和具备新思维光电物理基础理论人员严重短缺，按既有的人员结构，无法搭建起相应的攻关组合。

因为人类出生率的急剧下降，大量的科研生力军无法及时补充进来，很多项目的继续开展也同样遇到了这个问题的困扰——缺少干活儿的人！

总之，没有新的人员和富有活力的新思想注入，生天计划必将会成为遥不可及的空想。

五

漳青梨下班后没有回家，因为唐鬐要去崇山海项目，明天是休息日，她要趁这个时间回一趟学校。

她很快预订好了晚上9点的低空隧道磁悬浮动车票，经过不到三十分钟的无声滑行，胶囊状的列车车体停在了峨眉山名山站站台。

漳青梨没有再约氢动力交通车，因为出站后不到1公里就是西南交通大学的校园，她每次回学校都是习惯沿着天下名山牌坊后面的一处静谧的湖边小道进入，走在这里，可以小小地回忆一下美好的校园时光。

今天漳青梨的脚步比往日加快了许多，因为这次的问题显然太过严峻，她急切地想要找到老师问问对策。

很快，转过一道山坡，漳青梨都没有细看一眼那个让她能够重温甜蜜恋爱经历的露天电影场，便快速登上了中山梁教工宿舍楼的台阶。

虽然现代科技已经构造了新型智能的人类居所，但是李太红教授还是固执地坚持在这处古老的石砖结构的房子里居住，作为人类生殖与生命医学专家，她认为人一定要保持与大自然的绝对亲近。

漳青梨来之前跟教授进行过了全息视讯的简单交流，师徒二人都觉得还需要见面沟通，必须要有当面互动，这也是李太红教授的要求。

李太红教授已经在细雨中站立着等了一会儿了，目视着漳青梨走了上来，赶紧把她接到了室内。

"老师，我觉得精子数量下降的原因，不是目前人所共知的那些原因。"漳青梨没有客套，直接进入主题，这也是李太红的风格。

"当然不是，他们只会骗研究经费，弄一些老掉牙的东西凑数。"李太红虽然已经年过七十，但依然脾气很冲。

教授的爱人柯朋给他们端上了新沏的苦丁茶。他是动力研究所的资深研究员，漳青梨来时乘坐的低空隧道磁悬浮动车就是他的研究成果。

老两口都快到了进入永生堡垒的年龄，可是他们还是觉得舍不得这里的山林环境。

"繁衍禁止！"雨下得突然紧了起来，夏日的峨眉风雨无常，一道惊雷恰在此时响起，似乎在给李太红的这句惊人之语做注脚。

漳青梨感到自己的怀疑得到了确认："您是说那个在生殖研究上对人类来说是核弹级别的打击？"

"繁衍禁止，也可以叫生殖倒噬。"李太红不带任何感情地说，"寿命和繁殖力是生命的两个基本属性，有趣的是，这两个生命的属性是反向的关系。生活在一定条件下的物种群体，当寿命延长时，其繁殖力会相应减弱，这就是繁殖力的平衡限制法则。比如，银杏树寿命可达数千年，数量却不多；相反，杨、柳、梧桐的树龄难过百年，但是却易于栽培，到处都是。还有就是食物链的位置越高，繁殖力越弱，如狮子、老虎、鹰等猎食动物。否则，食物链中处于其下端的生物将没有生存空间。所以，像众所周知的那个永生动物——灯塔水母，恰恰是因为在自然界中的存在感极小，它们位于食物链的最底端，是许多生物的食物，像棱龟、海鸟，甚至是其他种类的水母都能吃掉它。因此，灯塔水母这一种群为了能够继续繁衍生息，不会濒临灭

绝，只能从幼年到成年反复变化，不停地进行繁殖、复制、分化，以增加生物种群数量的方式生存在自然界中。"

又一阵急雨泼洒了下来，有些雨点打到了客厅内，李太红夫妇没有封阳台，任由风雨透进屋内。

"我一直担心的事实终于迫近了。我们人类自以为掌握了永生密码，破解了寿命极限，就能永远在地球上生存下去了。"

"老师，您觉得生殖倒噬现象到底是什么原因造成的呢？不能就归结为人类对生存的贪婪吧？"

"当然，虽然有足够自我反思的理由，但是我们也不能仅凭表象的呈现就做思想情绪上的联想。"李太红平静了许多，"这里面的内在原因我这么多年也一直未能破解。"

李太红打开了电脑的屏幕全息成像："然而，在人类之外，其他的动植物似乎都明白这个宿命似的道理，种群数量不能无限扩大，种群个体不能无限生存。"

漳青梨和柯朋同时注视着电脑屏幕打出的全息视频，画面里出现了一头长着四只獠牙像是野猪一样的动物，很是恐怖恶心。

"这个家伙叫鹿豚，也叫鹿猪，是印尼特有的物种，仅分布于苏拉威西岛、托吉安群岛、苏拉群岛及布鲁岛，随着年龄增长，你看，它头上的四根獠牙会逐渐长长，倒着往脑门扎下来，最后，鹿豚的结局都是被自己的獠牙戳入颅骨，因大脑感染而死！在有些已经死亡鹿豚的颅骨上也确实发现了被獠牙戳出来的洞。"

李太红展示了几个鹿豚头骨被戳伤的镜头。

"它为什么会这样？正常鹿豚的寿命大概也就十多年，根据鹿豚獠牙生长速度，很少会戳入颅骨而死亡。那么只能这样解释，高龄鹿豚因为活得太长，自己的獠牙判了自己的死刑，因为老了的鹿豚没有繁殖能力，但是还会吃草，浪费鹿豚群体内部的资源。鹿豚的基因觉得这样不利于种群发展，就进化出了这样一个自戕功能。"

李太红遥望着远方说道："还有很多动物也都是如此，大象到了一定的老化年龄，就会选择孤独地离群，到一个谁都不知道的地方结束自己的生命，这也许就是生物的代际新陈代谢吧。人类的幽门螺杆菌也是这样，保护幼年杀死老年，年老的要给幼新的群种腾地方，物种基因为了自己的保存和发展，只能杀老保幼。"

李太红移动了一下鼠标，电脑画面里又出现了一群老鼠。"这是1947年进行的'25号宇宙'实验，实验场地面积为2.7平方米，四周围栏高1.4米，场地边缘一共有16个直立的网状隧道，连接着住所、食物和水。这个环境是当时的卡尔霍恩教授团队给老鼠们制造的'人造天堂'，老鼠们拥有取之不尽的食物和饮用水，也不用担心居住的问题，生病了还可以得到医治，除了空间有限外没有任何缺点。"

漳青梨感叹道："很像我们现在的永生阁啊。"

"对，除了不能逃出鼠城之外，天堂里的大鼠们是自由的，而且没有天敌。我们都知道，老鼠的繁衍速度十分恐怖，一次产仔最多能有十几只。这个'天堂'的最早居民，是4雄4雌8只健康的老鼠，最开始100多天，如预计的一样，老鼠的繁殖在高速增长。"

李太红教授切换了一下画面，成群的老鼠扑面而来，密集恐怖。

"但是，从第315天开始，老鼠数量的增长速度明显减缓。实验进行到第930天时，最后一只老鼠出生了，在此之后，便不再有新的老鼠降生，实验进行到第1780天时，'天堂'里面最后一只老鼠离世，随即整个实验也宣告了结束。由这个实验，当时的科学家得出了一个种群数量封顶的结论。也就是说，生物种群在一定的生态环境圈里有着一个最高的界限封顶。"

漳青梨联想到了永生之后人类的生殖变化情况，不无隐忧。

第七章

出阁

李太红遥望着远方说道："虽然不能这样简单类推，但是如果把这些老鼠换成人的话，可能我们人在这种乌托邦式的生活中，也会表现出同样的结局。"

漳青梨似有所悟："您以前也讲过这个假设，也许人类的种群数量没有生命限制地发展下去，有可能会出现繁衍力下降的现象？"

李太红的目光中布满冷峻。

"人类虽然作为最高性灵，但基因深处也许也不能避免受到这样的规律所限。"

漳青梨的表情充满忧虑。

"虽然还解释不了男人精子质量恶化的原因，但是谁知道呢，地球的生态系统可能已经写好了人类数量的最高值，它认为目前能承载的人口数量已经不能再增加，关闭了新生命降生的通道——种群数量封顶。"

李太红接着说："当然，这也只是可能的原因之一，或者还有着目前我们还不清楚的其他原因。"

永生堡垒里，是不是发生了某种状况呢？师生二人眉头紧蹙。

六

"在新生命数量急剧下跌的情况下，暂时停止永生堡垒计划，停止新的人员再进永生堡垒，人类永生暂时中止。"

三天之后，在地共体永生联盟召开的紧急会议上，人类生殖与生命医学代表李太红教授做出了令人震惊的发言。

会场一片沉寂，与会的各方代表都明白当前形势的严峻程度，因为，如果没有了新的人口出生，人类的未来和希望不可想象。

但是，对于已经执行了一百多年的永生计划，就此喊停，结束人类已经到手的永生现实，似乎都没有这样足够的决心。

一段时间的冷场之后，一位戴着黑框眼镜的代表首先发问："什么时间能够重启永生堡垒计划？"

李太红冷静地回答："这个要进行紧急研判和模拟评估，找出出生率下降的原因，看人口出生数量的上升情况而定。"

"那么也就是说，如果新生人口数量上不来的话，永生堡垒计划就不能开启？"另一位女性代表说。

"应该是这样的。"李太红的回答很肯定。

"那么，马上要接受魔灵菇一号、获得永生进入永生堡垒的人，也就只能等待新生人口数量的上升，期间发生自然死亡就只能接受？"又一位身着深色正装的中年代表发问。

"应该是这样的。"李太红的回答依然很肯定。

联盟会议一时陷入僵局，只好暂时休会。

某个城市公园里，一群老者集合在一起，只听一位身体结实的老者激动地说道："不能关闭永生堡，我们好不容易才等到服用魔灵菇一号的年龄，为什么不能去永生堡享受长生不老的大好时光？"众人纷纷表示赞同。

某处写字楼内，一群青年人在午饭时间也在进行激烈的讨论。

"必须继续维持原有的永生计划！不能等我们老了只能接受死亡的无情来临。"

"对！甚至现在就该让我们进入永生阁，等老了即使喝了魔灵菇一号再倒回个几十岁，也是四十五岁左右的中老年人了，还能有啥兴趣体验？"

从峨眉回来，漳青梨的心情很是沉重，从人类生殖的理性角度，她认为李太红教授关于繁衍禁止的推想，也许就是当前人类出生率下降的原因，但也确实还要做进一步的科学理论演算和实验结果验证，拿出最好的说服力证据，这个过程需要的时间将会相当之长。所以，就此要让每个人类个体重新回到生命有限的时代，似乎也不太说得过去。

而按照宫系统自我管理的程序，一批批达到年龄的永生人口还在陆续被送入永生堡垒，在没有确证的情况下，联盟无法做出停止永生计划的决定。

"太祖爷爷，您说我们该怎么办呢？"漳青梨看着漳鸿钧的照片，忧愁满怀。

七

在接下来的日子里，漳青梨全力配合李太红教授，进行理论论证的各项准备工作，构建计算机模型准备进行模拟推演。

虽然有师徒二人和十几个博士研究生的共同投入，在尽可能短的时间里完成了理论论证的结论文章，计算机模型的构建推进也很顺利。但是要想再次说服联盟停止永生计划，除了理论数据之外，最关键的是要拿出实验结果，也就是说，要有具备真实因果关联的出生率变化现象出现。

尽管目前还没有确证的结果出现，然而根据已经完成的理论模型模拟计算的初步数据来看，"25号宇宙"那样的鼠群出生率现象，似乎在人类身上有着某些相似的迹象，可还不足以说明人类永生产生的种群数量膨胀与个体出生禁止的必然关联。

而此时，全球新生儿数量已经在跌破七千人了。

李太红明白，人类种群面临的极限正在逼近，她的时间紧迫。

莫非问题是出在永生堡垒内部？李太红的心头再次浮起这样的怀疑。

第七章

出阁

八

在永生堡垒内部元宇宙的江湖里，当下也是一片的沸腾。

每个永生阁墙壁上的倒计时板，都显示出了目前面临的形势。

地球资源总储备量可用时只剩下 97.32 年

距离预计实现外太空移民时间还要 347.85 年

地球总人口数已经达到 507.7896569 亿

永生人数量已经达到 200.9642718 亿

新出生人口数量 6870 人

现实人世间的危机，也同时在元宇宙里迅速扩散开来。

"梁园歌舞足风流，美酒如刀解断愁。忆得少年多乐事，夜深灯火上樊楼。"在灯火通明的汴京樊楼上，一群江湖人士正在热烈地议论着。

"完蛋了，星际移民看来破产了，我们干脆也不出去了，就这样终日酒肉快活，岂不更好吗？"

"是啊是啊，我都快忘了还有人间这回事，去不去外星球我不感兴趣，这里不是快活得很吗。"

"生天计划进展慢下来了，他们在外面的人太不够努力了。"

"有没有新生命关我们什么事呢？我们都签了协议的，在这里安心待着就好。"

绝大多数在永生阁里习惯了元宇宙快活人生的永生人们，对于倒计时数字的背后意味着什么，并不能得出完整的解读，对外面世界里的危机也并不是太明了，只是凭着最直接的感觉，外星移民的希望似乎不大可能了。

"我们必须得做点儿什么。"苏东方这样想的时候，极中六杰和一干好汉们也都是怀着同样的心思，他们再度汇聚在了九老洞内。

众人的心里焦急万分，他们对倒计时数字的解读，显然要高于普通人，隐隐预感到，人类正在面临着空前的危急时刻。

侠之大者，为天下解忧。他们天然的使命感，让他们觉得自己不能就这样在元宇宙里避世逍遥，但是不清楚现实世界究竟发生了什么样的巨变，才会造成这样危急的局面。

闵捷生还迟迟没有现身，其实不是他不着急，倒计时面板所反映出的急迫形势，他比谁都清楚，整个人类已经到了生死存亡的时刻。

此时，他正与闵三儿在独野庐的石屋里进行紧张的研判，自从与苏东方他们结交以后，重大集体议事活动一般都在九老洞里进行。而闵捷生相中了独野庐的清净无扰，苏东方就大方地把独野庐交予闵捷生，作为进行精密事项处理的特别处所。

"到底是哪里出了问题呢？"闵捷生剑眉不展，苦思细究。

"这样吧，按照一般处理系统毛病，先外后内逐步排除的原则，咱们先与外面联系一下，看看人世间的研判解读是什么样子的？"闵三儿从专业BUG清除人员的基本思路出发，提出了自己的建议，同时，好像想到了什么，又极度忧虑地望向了闵捷生。

第七章

出阁

作为宫系统内的最高级逻辑协调员，闵捷生当然也知道这个解决问题的步骤和思路，此时最关键的，也是先要与外面取得联系，先看看人世间的生态运转是哪里出了问题，为什么新生人口数量会突然下降到如此窘迫的地步？

但是，与外面联系，他和闵三儿都知道，没有那么简单。

当初为了绝对保证宫系统的独立自主运行，与人世间的一切联系方式都被联盟法律禁止了，为的就是要营造出永生人去了另一个世界的幻景，最大限度地维护现实社会的正常伦理秩序，这是通过永生人口集中管养决定的初衷。

永生堡垒解除隔绝禁止有一个条件，就是当人类开始启动星际移民的时刻，系统会对永生人发起呼唤。而发起呼唤的方法，对所有人来说都是绝密，据说是一把量子锁，打开的密码要等到星际飞船加速到光速的50%以上，人类大规模移民开始的时候，才会自动显现。

闵捷生和闵三儿都知道这些背景，作为系统的逻辑工作者，他们俩是有特别的浮出权限的，但这种允许的浮出也是为了系统的某些外膜维护。而对于与外界的联系，还是感觉希望很渺茫，因为系统设定他们的主要任务是在永生堡垒内的维护运转，与外面的联络也同样几乎被完全屏蔽。

"只能启动那条最古老的的伏线了。"闵捷生下定了拼力搏一搏的决心，闵三儿从闵捷生从来没有过的紧张表情上，看得出这是到了使用最隐秘手段的时候了。

旋即，闵捷生和闵三儿来到了贵州省黔南布依族苗族自治州平塘县克度镇金科村的大窝凼洼地，500米口径球面射电望远镜"天眼"就架设在这里的谷底。

闵捷生准备使用特别允许的浮出身法，把自己在元宇宙的意识体形象移进现实世界，虽然这样的浮出是违规的。

这样的方式他只在秦皇陵地宫大战时使用过一次，在众人的意识流进入深潜状态时，他的意识体浮出了元宇宙的模拟世界，短暂地在现实世界投射了三分钟，因为他要确保地面磁场不能干扰到众人的潜意识，一旦发生磁电纠缠，众人的意识体将会受到严重干扰，甚至有生命危险。

这样的超界投射，如果不是允许浮出者，对生命体征来说几乎是致命的，因为长期置身于永生堡垒的无菌无污染环境里，身体抵御外部侵染的能力几乎已经降到了零，即使将来回归正常生态环境，也需要进行几个星期类似减压舱的过渡适应，才不至于一出来就会被空气射线瞬间夺命。

好在闵捷生和闵三儿都穿好了一身密闭包裹的防辐射污染的"地球衣"，生命安全大可无虞。

另外，这样的浮出，对元宇宙的熵值平衡也会带来极大的震动，一分钟的外浮，会消耗元宇宙数百万份能量，才能冲抵掉熵值扰动的亏损。所以，不到万不得已，闵捷生也不敢轻易使用这种内损极大的浮出身法。

他吩咐闵三儿随时注意元宇宙内的熵值变化，这次计划用五分钟强行发出一串字符编码，希望外面有人能够接收到这个冒险发出的有损熵值平衡的信息。

闵三儿紧盯着手里的一块电子面板，注意着上面的熵值波幅，看准了一个时机，向闵捷生点点头，表示可以浮出了。

闵捷生深吸了一口气，摁动了衣袖内部的一个按钮，一股巨大的风浪掀起，从闵三儿的眼前消失了。

闵捷生没有多浪费千分之一秒的时间，作为在"天眼"工作了三十年的资深科学家，他对这里的每处节点都谙熟于心。

在正午阳光的强烈照射下，闵捷生移出元宇宙的同时，费力地克服掉光线的刺激，迅速张开了眼睛，还好，地点没错！就在斜对着洼地的那个山包上，那块宋代石碑赫然矗立着。

闵捷生飞奔到石碑旁，用随身铁杖疯狂地挖掘起来。

很快，一个密封的铅盒显露了出来，吹去浮土，打开铅盒，那支"发报钢笔"完整地躺在盒底。

那是闵捷生在小学参加无线电兴趣小组时，用三线建设时期疏散到离现在这个位置不远处的一个废弃的无线电晶体管厂的废旧元件，靠一个火花线圈、一个调谐线圈、一个电报键、一个火花隙、一个高锰电池和一个天线开关组装成的一部最简易电台。

一百二十五年前埋下的这支发报钢笔，只有微弱的近距离发射信号的能力。

但是，此时它正对着的是"天眼"庞大的镜面！

闵捷生希望借助"天眼"的超强接收能力，把这个生死攸关的信号发射出去。

几乎在拧开发报钢笔的同时，闵捷生暗暗祈祷电池还能使用。

闵捷生按下了笔帽上的开关，笔尖处有一个红点闪动了一下。

"还能用，天不负我也！"闵捷生赶紧按动微小的电报键，把早已编好的字符串向着"天眼"发了出去，然后迅即把身形收回到了元宇宙内。

"怎么样？"他急忙问闵三儿。

"还好，只有500多J/K当量的微变。"闵三儿一头汗水，显然紧张得不行。

"得消耗1000万份元宇宙能啦，不过，如果能联系上，也值了。"闵捷生只能祈祷有人能收到这份信息。

"现在只能等外面的回复。"闵捷生冒险发完信息，匆匆赶到九老洞与众人会合。

九

"第124颗脉冲星！"延昭疑惑地记录下自己在"天眼"观测值守以来的又一个发现。

不对？他放下手里的平板电子探测仪，数值来源不对，虽然符合脉冲星的电磁波动特性，但是没有太空定位信息。

奇怪了？怎么探测显示波动来自地表？我去，定位是就在"天眼"的第78反射单元，什么鬼怪？

延昭不知道，就在十分钟前，闵捷生的意识体正在这里"现身"，借助望远镜球面，向着天眼方向发出了一串不加密字符。

这些年，随着人类对太空探测的频繁，为了避免地外空间对地球的有可能攻击，联盟对地球实施了电离层保护，对太空信息的发射已经改到了太空空间站进行，"天眼"和地球上其他大型电子望远镜的功能，主要是监测外天体恶意进攻。

闵捷生发出的来自地表的信号，被"天眼"极速接收。

当延昭捕捉到闵捷生的两秒钟电磁脉冲信号时，一度认为是偶然捕获的脉冲星信息。

延昭觉得这串字符信号很诡异，编码方式很简单，很快就破译了出来。字符信息转换为了文字，竟然是一首诗。

九日不落谁来射，

追天逐地夸父何。

再挥泥娃成鸿蒙，

一点碎星万世多。

延昭看到这首诗，表情顿时凝固，正在此时，奶奶李太红的全息影像出现在了他的面前。

"延昭，你是不是刚收到一串字符信息？"作为生命生态科学家，李太红也经常借助"天眼"观测地外生命迹象，同时兼任"天眼"首席地外文明科学家，今天刚好在家里的远程检测仪上，也捕捉到了这串从元宇宙发出的信息，所以赶紧来问延昭。

延昭急忙把译出的信息传递给了李太红。

"是那首诗，终于来了。"延昭探询地望着奶奶的脸。

十

九日不落谁来射，

追天逐地夸父何。

再挥泥娃成鸿蒙，

一点碎星万世多。

李太红一边吟诵着这首诗，一边匆匆走到书架前面，从很靠里的位置抽出了一本有些发黄的书，书名写着《天体伦理学基础》，作者是李天罡。

李太红翻开了书的最后一页，赫然发现，空白处的钢笔字迹正是这首诗！

李太红对于这位设计创造了宫系统的太祖爷爷极为崇拜，经常翻看他所著的这本《天体伦理学基础》，书的尾页上的这首诗，她早就看到过。

"现在是几点？"

"午夜12点了。"漳青梨答道，外面的雨声滴答。

"走，去九老洞。"李太红语气急促。

"啊？现在吗？"漳清梨和几位女同学都面有难色。

"对，现在。"李太红话语简短，但是语气不容商量。

"这是李教授留下的一个极其私密的联络暗语，每一代人成年之后，家里的长辈都会告诫，一旦哪天有人以这几句诗发出信息，必须要在最短的时间赶赴最近的'磁密场'回应，因为这个信号意味着宫系统内的逻辑协调员要求进行紧急联络。我们家族已经在这里守候一百年了，今天看来终于要发动了。"李太红神色忧虑地解释道。

其实，这首诗的出现，也恰恰印证了李太红心里的另一份期待，在她所主导的理论推演和模型验证没有实质性进展的情况下，早就也有试图与永生堡垒里面进行联系的想法，只是，在当年建立永生堡垒的设定里，由外向内的通信更是被绝对禁止的。所以，这时候这首诗的发出，说明永生堡垒里也想要与外面取得联系，共同研判事态的因由，与自己的心情不谋而合。

漳青梨默然一算，距离最近的"磁密场"正是仙峰寺下的九老洞了，听完李太红的话语，她和几位同学立刻明白了李太红此时急于上山入洞的原因。于是，众人二话不说，马上拿起雨伞，呼叫无人驾驶氢动力车，沿着盘山道直奔峨眉山峰顶驶去。

车到雷洞坪，雨下得更密集了，为了安全起见，漳青梨在一处亭子旁让车停下，师生几人下了车，暂在此处避雨。

过了半个小时，雨没有要停的意思，李太红扶着登山杖站了起来，说："清梨，不能再等了，我们步行进洞。"

九老洞地势险峻，海拔1700多米，洞内情况复杂。传闻内有三道"死关"，很多人进去后再也没出来。

有三个大学生一时兴起，想要进入九老洞探险，在他们进入山洞行走了几百米之后发现了几具尸体，把他们吓了一跳，面对着洞穴中九曲回肠的迷宫道路，迷失了方向，在山洞中待了整整十二天。最后在当地的搜救队员全力营救之下，终于找到了他们的位置，将他们救了出来。

一直以来，谈及九老洞，都是讳莫如深，成了峨眉山为数不多的旅游禁区。

直到后来，专业的探险队员在洞中还发现了至少十九具尸体，最早的是清朝的人。进行了全面的探测之后，揭开了九老洞"吃人"的秘密。专家发现，九老洞可以分为三段的，第一段人能直立行走，第二段开始出现岔洞，只能爬过去，第三段是裂隙型的洞穴，人侧着身体都很难挤过去。

原来亿万年前，九龙洞曾是一条波涛汹涌的地下河，但随着峨眉山的上升，水位退了洞还在，水流不断侵蚀冲刷石头，从而形成了一个非常复杂且很大的地下宫殿。地宫就像一个迷宫，很容易迷失方向，所以人进入后才出不去。

虽然如此，一般的游客听闻九老洞的种种传说，还是唯恐避之不及。

李太红和漳青梨她们，由于学校就在峨眉山脚下，对于探险勘察的情况非常清楚，况且都是科学家，所以对于九老洞的恐怖传闻，并没有特别在乎。

雨天加上地势险要，师生们经过了两个小时，终于从后山坡下到了九老洞的第三段洞穴内。

而此时，闵捷生和一众豪杰们已经在这里等待了两天半的元宇宙时间。

十一

"啪啪啪……啪啪……"在众人的注视下，闵捷生每隔一个小时，会在洞穴的顶壁上用铁杖按照三短两长的节奏，进行敲击。

"再没有回应，暗语的有效时间就过期了，只能再另寻方法了。"闵捷生虽然有些没有信心，但还怀着一丝希望在等待。

苏东方觉得这个办法也太古老了，但看到闵捷生依然在努力尝试，便没有说出心中的怀疑。

又快到一个小时了，闵捷生正准备做最后一次敲击的时候，突然，从顶壁上方隐隐地传来了一声轻微的"啪"声。

众人都屏住了呼吸，生怕是出现的错觉，又过了没几分钟，又一声清脆的"啪"声传了下来。

"上面有人了！"闵捷生兴奋地喊了出来。

他指的上面其实是现实中的九老洞洞穴，此刻，与元宇宙的九老洞洞穴正处于同一频点，正通过闵捷生临时开启的声波传送建立联系，考虑到元宇宙的熵值自洽，所以，只能采用断续连接的方式。

看到声波呼叫成功，闵捷生大喜过望，吩咐闵三儿："可以关闭声波震荡了，准备进行——死亡通灵。"

众人闻听，都吃了一惊，看来世上真有通灵这回事？

闵三儿解释说："其实是次声波量子体同频振动，两个重叠意识空间同时在一个细胞纬度上建立同纬度细胞次生网，实现直接全息连接，因为很像传说中的与死亡的人进行通灵对话，所以戏称死亡通灵。"

现实世界的九老洞内，李太红已是激动不已："太好了，总算没耽误时间，今天这雨也帮大忙了，但愿马上进行的同频振动能借助雨势增强磁黏性。"

闵三儿和李太红几乎在两个时空里，同时打开了同频共振线圈，强烈地启动震荡之后，所有人的眼前都是一亮，随后，两拨人马在一片银白的光线围绕中相会了！

漳青梨努力睁大眼睛，在一片古代服饰包装的眼花缭乱中，她还是迅速辨认出了自己的太祖爷爷漳鸿钧！眼泪忍不住夺眶而出。

李太红没有太多放纵自己的情绪外溢，她知道同频共振对永生元宇宙的辐射太强烈，必须在尽可能短的时间里把正事说完，于是就直奔主题："哪位是李天罡老师安下的伏线解锁人？"

闵捷生也迅速回应："就是在下，你是天罡老师的后人？"

简短寒暄确认身份之后，李太红快速而明晰地把外面发生的一切告诉了永生元宇宙里的众人。

漳青梨在李太红讲话时，一直紧盯着漳鸿钧，抑制不住内心的激动，她很想马上扑到太祖爷爷怀里，即使是全息影像。

漳鸿钧也发现了漳青梨的异样，隔代的血缘不断，天然的基因亲近，也使得他确认这个女孩儿应该是自己的后人。

但是，由于时间宝贵，祖孙二人都知道，此时不是论叙亲情的时候。

闵三儿一直紧盯着同频共振监视器的屏幕，突然说："电磁密度快不

够了。"

闵捷生朝着李太红拱了拱手，然后抱拳说道："我们得赶紧结束了。"

最后一句话没来得及说完，眼前蓝光一闪，两方的相会便断开了。

第八章
再见永生

一

"根据与李太红教授的沟通，从理论上讲，人类种群数量封顶确实有着极大的可能，也是造成目前人类出生率急剧下降的直接原因。"闵捷生和众豪杰马上进行全面研判，"但是，毕竟'25号宇宙'实验只是动物样本实验，后来也没有推及至人类的繁衍实验。而且样本数量基数也太小，对于百亿级的人类种群而言，假使有这样的可能存在，虽然说地球的体量和承载能力现在看有些不足，但是对于目前的人类种群数量，还是足够大的，也就是说，即使有种群数量封顶的危险，应该也是一个缓慢下降的趋势，不至于这么快地断崖式下跌。"

"嗯，李教授作为生态生命专家，肯定也知道其中的道理，也可能是事态过于急迫，只能先往最坏的方面去想。"范仲焉感同身受地说道。

"不过，虽然还不能确定人类种群数量封顶的必然性，但是也不能否认人口数量极限与生育力之间的反向关联，只是目前还没有绝对的实验验证，人口持续膨胀，新生命不断下降已经是一个存在的事实，必须止住这种下滑趋势。"人群中有声音说道。

众人纷纷议论了一番之后，也难以形成确定的结论。

闵三儿突然说道："我总结一下，现在看来，外面的原因即使存在，但似乎还只是部分原因，是不是按照从外到内的顺序，我们也来找一找内部的原因呢？"

大家说："这方面的问题，就只有交给你们二位专业人士了，我们先不要妄加猜测，先各自散去静等通知，需要出力时再汇聚。"

于是，闵捷生和闵三儿再次来到独野庐进行深度分析研判。

"外面原因的可能性存在，但是确实不至于这么危急。"闵捷生很确定地说出了自己的判断，"闵三儿，我们再全面捋一下内部运算的各个节点和环节，看来得把目光收回到内部来了。"

"会不会是上次打完秦皇陵地宫战役之后，在做垃圾收容系统的重建和以防再次出现类似BUG的防御建设时，出现了遗漏呢？"闵三儿深思道。

这么一说，似乎也提醒了闵捷生，虽然说上次集合了众人的意念波合力把鬼脑的反意识镜像逼出了地宫，迫使其与元宇宙的正意识体相遇湮灭。但是就像所谓的杀毒软件不可能"真正"把电脑病毒杀干净一样，会不会在这段时间里，鬼脑的残存游离程序又重新聚拢，再次想要为恶作乱了呢？

"三儿，那你快速去巡检一下逻辑数据库，特别注意一些隐藏的字节。"

"好的，幸好上次大战之后，我就把鬼脑的轨迹描述一直单独存放着，我先从这里查起。"

闵三儿手臂迅速滑动，调出了一面虚拟电脑屏，快速地在平面上找到了检索点，睁大了眼睛仔细观瞧。

"没有什么异常啊……"闵三儿疑惑地说道。

"没有异常？难道我们上次的行动完美无缺到了极致？"闵捷生对闵三儿的工作能力极其放心，他说没有异常，就不会有任何闪失。

闵捷生在原地徘徊了几个来回，突然，脑子里电光石火般地闪过了一个

念头，出手如电抢过了闵三儿眼前的虚拟屏，眼睛几乎要紧贴在了空气般的屏幕上。

"把形象叙述文件再调给我看一下。"闵捷生呼吸急促地说道。

闵三儿对闵捷生如此失态的举动感到有些惊异，但马上就调出了闵捷生需要的文件。

闵捷生手指上下左右滑动了几个来回之后，神色间似乎有了确定的答案。

"三儿，你看这里，这是鬼脑还是？"闵捷生朝闵三儿问道。

"是鬼脑啊，我一直把它封存在最底层逻辑锁里。"闵三儿很确定自己的操作。

"它不是鬼脑！"闵捷生斩钉截铁地说道。

"啊？难道是我搞错了？"闵三儿不相信自己的眼睛，这么多年对各种病毒的追杀狂砍，他自觉不会犯下如此低级错误的。

"你没有错！是我的责任。"闵捷生自责地说道。

他心里明白，只因为上次秦皇陵地宫大战，需要人脑意念波去进行攻击，产生的震荡波太强，出于对闵三儿电子脑的保护，所以，破例没有让系统杀毒手亲临现场，使得他错过了直面鬼脑的机会，而极有可能鬼脑在最后灰飞烟灭的一刻，拼死生成了一张伪造形象，骗过了闵三儿的垃圾收留设置，残存的少量字符串一直在某个阴冷的角落潜伏着，等到防范疏忽的时候又死灰复燃、兴风作浪了。

但是，这些话不能跟闵三儿说破，所以，在有了这个猜想并得到证实之前，闵捷生只好把责任揽到自己身上。

"是我最后渲染给你的描述文件出错了。"

闵三儿摸了摸脑门，还是不太相信这样的错误会发生。

"好了，事情已经发生，我们不去追究它的原因了。"闵捷生迅速把话题转到如何解决问题上来，并且闪电般调出了自己的虚拟电脑屏，"我这里还有鬼脑的基本轨迹描摹，咱们先快速生成它的描述文件。"

闵三儿没有做太多思考，马上在闵捷生的电脑屏上迅速操作了起来，干这些具体的活儿，闵捷生可就没有闵三儿的灵活自如了。

不到一分钟，闵三儿把虚拟屏调到二人中间："好了，这家伙原来是这个样子！"

闵捷生只一眼，就确认出了鬼脑的丑陋形象："对，正是它！"

二

又用了半天时间，闵捷生和闵三儿终于查清楚了，造成人世间出生率急剧下降的元凶，果然就是出在永生堡垒内部的这个由宫系统内人类恶劣行为聚合生成的虚拟指挥单元——鬼脑！

鬼脑具体的作恶路径是这样的，在上次侥幸逃过一劫之后，鬼脑元气大伤，潜伏在宫系统最阴冷的马里亚纳海沟底部，一直不敢轻举妄动。

虽然苏东方他们一干豪杰，在各个公众场合警示大家洁身自好，元宇宙也是要讲社会道德和行为约束的，阻止恶劣意识垃圾的进一步产生。

但是，毕竟进入永生堡垒的人口数量庞大，难以完全阻止某些不良嗜好和行为的发生，渐渐排泄到系统里的垃圾再度在鬼脑的意识学习逻辑链上积聚，等于给它在不断地疗伤，于是不久，它就再度电格充满，全血复活了！

这一次重现元宇宙，鬼脑的算法学习更精进了一步，不再以直接选择获取人类不死药为目的，而是转而来攻击人类的新生延续！

"每个进入永生阁的人，都与外面的后代之间有着生物神经意识纠缠。"闵捷生手里把握着一面类似镜子的器具，其实这是一个高速运算器，通俗被称作"照妖镜"，可以快速计算出电脑病毒的危害路径，"鬼脑正是捕捉到了这些纠缠联系，在这些血缘意识连接线路上，加载上了恶意病毒信息，通过代际溯源，一直侵入到最年轻一代的生殖系统，首先导致精子变性，和继而会发生的排卵异常。"

"它想截断人类的生命迭代？"闵三儿惊异地问道。

"对，然后再调转头来，反攻永生堡垒里的永生人口，用鬼脑意识入侵他们的身体，达到它控制人类、独霸地球的目的。"闵捷生已经完全解构出了鬼脑的全部恶毒计划。

"可是，这样的话，人类的生天计划也最终会被破坏，出不了地球的禁锢，最终所有资源耗尽，鬼脑也难逃毁灭的命运啊。"闵三儿觉得这是损人不利己的事儿，鬼脑太白痴了吧。

"它就是个白痴！"闵捷生再次痛恨鬼脑的这些算计伎俩，"它只知道自己要独霸地球，至于独霸之后的生存却没有在算法考虑之内，它只管根据算法逻辑来决定行事原则，根本不会有全面大局观的考虑，毕竟，它就是个鬼脑。"

闵捷生说完后避开了闵三儿的目光，以一种忧思的神情望向海面。

闵三儿再次质疑当初把永生堡垒的管控权完全交给宫系统是不是太轻易了。

"是啊，把决定权完全交给机器，不考虑规避风险和危险的救济策略，一味地讲究没有人为干预的绝对理想状态，现在看来是不可行的。"闵捷生不无同意地说道。

"不过，当下要紧的是，首先把这个信息传达给李教授她们。剩下的，我们又要有一番血雨腥风的大战了。"闵捷生目光从海面上收回，凝视着虚拟屏说道，"这一次，就不会那么简单了。"从他的话语里，已经预见到了某种牺牲的味道。

随后，在约定的时间，他再次通过"天眼"向人世间发出了这个信息。

太阳在薄雾中勉强透出些许的光辉，西南交通大学西山梁实验楼，生命生态学院主楼办公室内，李太红、漳青梨和几位博士生们拿到这个鬼脑作恶的信息之后，虽然很大程度上暂时排除了人类种群数量封顶的假想，但是心情也并没有太轻松下来，因为她们隐隐感觉到，在永生堡垒内部与鬼脑的拼争，将会是一场无比艰难的战斗。

三

"各位豪杰，我们又要战斗了！"

在九老洞的最大石洞会议厅内，闵捷生环视众人，缓缓说道。

苏东方等一干人众，听完了闵捷生对于鬼脑复活以及随之作恶的过程，无不义愤填膺，一方面痛恨那些释放不良意识信息的低劣行为，一方面为自己后人们经受的不能生育之苦倍感愤慨。

已经参与过秦皇陵地宫大战的极中六杰们表情平静，似乎多年的历练，就是为了这一天做准备的。随后结交的文天翔、史可发等，对于初次面对的为了人类未来的这场大战，也都摩拳擦掌，跃跃欲试。

"这场大战的第一个阶段……"闵捷生说到这里，神情空前地凝重肃穆，接下来说出的话，让众人虽然有了一定的心理准备，但真的听到具体的执行计划，依旧不免心下黯然。他说："需要有两千人，死去。"

没有太顾及众人的心理反应，闵捷生快速解释这次的计划实施："鬼脑的作恶途径是通过永生阁里每个人与后人的生物神经意识纠缠链接，才造成了目前的出生率急剧下降的局面，我们要做的，就是要切断这种链接，同时反向追踪，再次用我们的意念波震碎鬼脑，这些过程是在瞬间同时进行的。"

闵捷生像是强忍着一种悲怆的情绪，继续说道："由于这次鬼脑的行为轨迹已经衍射到了永生堡垒之外，因此就不能像上次秦皇陵地宫大战那样攻击虚拟镜像，必须浮出到外面，直接进攻它的本体意识。"

大家此刻都明白了，浮出到外面，对于在永生阁里被良好呵护的身体来说意味着什么——瞬间死亡，同时完成反向脑电波震荡鬼脑。

大厅内的空气一时停止了流动，鸦雀无声了很久。

"看来没有机会再把青梅嗅了。"李清瑾惨然一笑。

"此时奏上一曲《广陵散》，倒是快意之极啊。"阮康对于将要发生的结局丝毫不觉凄惨。

"横刀向天笑，不过如此而已。"谭志同正气凛然。

"只是无力再把铁剑横了。"辛弃极似有一些怅惘。

"天下之忧在此刻，我等也算得偿其所愿了。"范仲焉微闭双眸。

"人生自古谁无死，留取丹心照汗青。"文天翔豪气干云。

"当不得人死城破，为新生小儿们搏出个生天来。"史可发依然充满斗志。

"心在即安，万事不过心中一念耳。"王阳茗气定神闲。

"我自一面大鼓，敲破天际，也要送娃儿们出世。"梁红钰又在摩拳擦掌，似乎并不是要赴死黄泉。

"各位豪杰，此时还不是悲情抒怀的时候，因为仅凭我们几个还远远不够，满足地球人类再生的希望，至少需要两千人的基因差异样本。所以，还需要我们去再发动更多的人。"闵捷生从悲伤的情绪中迅速平静了下来，他已经在暗暗计算元宇宙里品格指数在90以上的还有多少人了。众人也明白，虽说定下了必死的决心，但是还要再策动一定数量的壮烈之士，具体尚需一些谋划。

因为大家知道，进入永生堡垒，经过元宇宙的无限风光，很多人在各种欲求的满足中，早就忘记了到这里的初心设定，是为了向着天外的新生命栖息地进发，已经满足于终日快乐度日的躺平生活了。

"不过，我坚信，元宇宙里保持信念不灭的不只有我们几个。"谭志同显得相当有把握。

"对，人类一代代生生不尽，继往开来，伟大的牺牲精神从来都是前进的动力。"文天翔也对自己的同类有着充分的信心。

四

在接下来的一个月元宇宙时间里，苏东方、文天翔、史可发、范仲焉等人找到了跟自己同样历劫的512位同名好汉，另外还寻找到了历劫的岳飞、南霁云、田单、荆轲、公孙杵臼、于谦等1237位英雄豪杰，再加上其他大洲的贞德、玻利瓦尔、斯巴达克斯、摩西、保罗等史诗级人物，超过了2000人，达到了2123人。

"这就是人类勇往直前的真核动力！"闵捷生无限感慨，2123人聚集在九老洞里最大的洞穴大厅，没有那种悲壮出征的誓师场面，所有人的心情此刻都很平静。

真的英雄，敢于直面预想或未知的危险时，其实是不会有特别的外化表现的，况且，还有最后一道关口在等着他们——如何解除永生堡垒的隔绝禁止。

按照众所周知的设定，他们离开永生阁的条件，是要等到"生天计划"研制的星际飞船加速到光速的50%以上，人类大规模移民开始的时候，才会自动打开永生阁的量子锁，放出永生人。

而现在的形势已经摆在这里，地球新生儿数量接近为零，与此关联的直接效应，是"生天计划"进展被严重迟滞，飞船速度绝对不可能达到解锁要求。

"想死都无门啊！"南霁云长叹一声，"留此身躯本就为了担此大任。"

"我今作为去者，反而更难了。"公孙杵臼同样忧虑万分。

闵捷生这时的心情其实是万分复杂的，说实话，他从内心深处不愿意看到这些人类灵魂的担当尽付一灭；然而，他也深知，除了这样的飞蛾扑火，目前看来也没有别的办法能够止住人类种群滑向最终全体灭亡的局面。

因为，星舰飞船再快的飞行，也需要在太空穿行以百年计算的漫长时间，飞船成员除了操作人员精挑细选之外，搭乘的人员也需要道德、勇毅等仁义礼智信的修为都达到极高水平，才可以确保在漫长单调而无聊的超级跨越的太空旅行中和谐相处，同时面对各种未知的意外发生时，能够彼此协作，共克凶险。

所以，闵捷生看到这么一批好不容易"培养"出来的人类担当，本该是去开辟新天地的先行者，却要在此刻出师未捷身先死，心中的悲哀无疑是双重的苦痛。

"诸位英雄不要沮丧。"闵捷生收回了自己的思绪，面对当下急需决断的现实局面，他用铁杖在岩石地面上画出了一个白圈，"三爷，你站到线上来。"

闵三儿略有不解，站到了白圈中间："站中心还是随便哪里？"

"无所谓，只要在白圈里就行。"闵捷生没有再盯着闵三儿，转向众人，"有些事实，我们一直被蒙蔽了。"

众人疑惑地看向闵捷生，难道这里还有什么阴谋不成？

"根本就没有什么量子锁！永生阁没有上锁。"闵捷生的话如惊雷一样，

第八章 再见永生

让众人再度感到无比的震撼。

闵捷生没有理会众人的惊愕，又转向了闵三儿："三爷，你从白圈里走出来。"

闵三儿轻松地向上跳了一步，离开了白圈，不明白闵捷生这样操作的目的是什么。

"三爷，你再回到白圈里站好。"

闵三儿充满狐疑地又站回到了白圈里去。

此时，闵捷生对众人说道："大家看到了，闵三儿很容易地就能在白圈里外进出。"

闵捷生又回头对闵三儿说："好，现在我要给你加一个限定条件，你假想自己是一个二维空间的生命。"

闵三儿和众人都能明白，二维生命的活动空间其实就是一个平面，似乎有些知道闵捷生的用意了。

闵捷生继续说："你再从白圈里走出来，注意，此时你是二维生命。"

闵三儿在白圈里来回移动了几下，表示无法走出白圈。

"好了，这就是我们的意识障碍在限制。"闵捷生道出了其中的玄机。

"像闵三儿这样，被告知自己是二维生命，就接受了这个认识限定，只会做平面移动，画地为牢就能把他关起来，不知道三维生命的活动方式，其实向上跳一下就能离开二维平面的束缚。我们生活在三维时空里，就当然认为自己是三维生命，但是也许原本应该是四维，甚至五维，据推测生命维度可以达到十一维，是我们无法想象的高度。"

众人此时彻底明白了闵捷生的话，都像闵三儿一样，被自己的意识束缚住了。

"用我们的意念，打开不存在的所谓量子锁！"

众人在闵捷生的带领下，走出了九老洞，来到了峨眉金顶再往上的万佛岩峰顶，头上金光万道，脚下云海翻腾。

众人一起想象着自己的意识体正在穿云破雾，突破灵性的最后界限，接近无比舒畅自由的方外时空。

时间过去了良久，当夕阳普照在金色的佛寺飞檐时，一道道看不见的闸门在念力的专注下被冲开了。

苏东方，不，漳鸿钧感到眼前一束橙色的光快速掠过，自己在永生阁里睁开了眼睛，四周的乳酪状的白色墙壁正在坍缩融化，身体里似有一股无穷的力量正在升起，瞬间，这力量唤起了自己的全部思维，猛然间，已经站在了冈仁波齐峰那形似金字塔的塔尖上，四下望去，一众豪杰也同时卓然屹立在了这神山的峰顶，他们打开量子锁，走出了永生堡垒！

"就是今天啦。"李太红和漳青梨以及十几名博士研究生们，集合在了学校主楼前面的广场上，"为人类做出牺牲的英雄们就要走出永生堡垒，我们去迎接他们吧。"

不到五十分钟，他们已经赶到了冈仁波齐峰山脚之下，举目向上望去，只见皑皑白雪与峰顶白云相互辉映，整体山形如一座高大的巨型金字塔，透射出无比的神圣和威严。

他们没能等到众义士现身下山，在他们到来之前，2123名人类英华已经化进了山脉，把他们的身躯灵魂永远地托付给了这座圣灵神山。

按照人类终极"生天计划"的设定，待到星际飞船能够实现近光速飞行，永生堡垒里的早期永生人口将会被"释放"出来，首先会转移到模拟飞船客舱环境的地面"过渡屋"内，进行类似于潜水减压，用一段时间调整身体机能，让一直待在温室内的娇嫩身体有个适应过程，为接下来回归正常社会生活和将要开始的星际移民做准备。

但是，这一次猝然破阁而出，直接把身体暴露在了没有任何防护的自然空气光线中，强烈的流体冲击，使得他们的身体一时间承受不了这样暴烈的击打，几乎在走出永生阁的瞬间，生命的律动就停止了。

漳鸿钧最后的记忆只觉得被一股莫大的温暖裹紧了身体，他知道自己是赤身裸体站立在寒雪中的，但是丝毫感觉不到一点儿冷意。

他侧眼看到，一众豪杰们也都是以自己的赤裸天体，面向着真实的大地，宣示着人类最傲然的挺立和最无瑕的坦然，一片赤子情怀，感天动地！

他的眼泪忍不住地流下来，在泪光中，他仿佛看到了玄孙女正怀抱着一个天使般的小婴儿，正在欢呼他的归来！仿佛听到了星际飞船发动机的轰鸣！仿佛看到了在遥远的那颗星球上，又一番人间万象正在热烈展开。

该归来了，久违的空气里飘荡着有机物的甜香，久违的阳光光线演示着多谱线的明丽，久违的岩石、树木、白雪、云朵、土地，都比元宇宙里的模拟景象清晰万倍！

我来归怀于你了，我的地球！

尾声

一

漳青梨合上电脑，无力地在椅子上静坐了半天，脑子里空空如也。

那场震绝人寰的壮烈举动已经过去两年了，地球新生儿数量自十九个月之前残酷地显示为零之后，一直没有新增的迹象。

这一次荡气回肠、浩然天地的行动，无疑已经失败了！自己和丈夫的努力还在进行着，像完成任务一样，没有激情和蜜意，只有战战兢兢地期待和惶恐。

漳青梨抚摸着自己平平的腹部，其实每次验孕棒无情的一道红，都在提醒着她，那个希望的奇迹并没有出现。

唐髻在卧室里发出了沉重的鼾声，他太累了，除了奔走于崇山海项目，更多的是莫大的心理负担。

李太红百思不得其解，难道自己多年的研究成果和模拟计算都错了？是什么可怕的未知规律在暗中画下了禁止符？

牺牲了2123条生命之后，并没有等来一声此刻人世间最希望听到的最美的音乐——婴儿的啼哭声，甚至怀孕的女性统计都一直在零这个数字上定格很久了。

莫非，是由于人类向着永生之路一骑绝尘地狂奔，破坏了和其他物种的和谐共存？也许，基因对种群的束缚永远也无法解开，她不敢再往下想。

闵捷生也已经从倒计时板上看到了这个可怕的结果。他没有随众人一起走出永生堡垒，他不是一个怯懦的人，作为一个忠实于自己职责的首席逻辑协调员，他的最终离去，是要等到所有的永生人都被释放之后，永生堡垒永远关闭的那一刻，那个时候也意味着人类已经找到了新的家园。

一眨眼，那么多人间豪侠就这样白白牺牲掉了，他很难接受这个事实，九老洞里准备鬼脑大战的情景仿佛还在眼前，何等的壮怀激烈，一切皆成过往。

闵捷生所能做的最大的努力，是把每个赴死豪杰的意识反照体写进了元宇宙，让他们在元宇宙世界里永生下去。他舍不得和苏东方的谈诗论词，舍不得和谭志同一起吟唱的慷慨悲歌，在未来守候的日子里，他不会孤单。

闵三儿没有听到身后闵捷生对他的呼喊，他在踏出永生堡垒的最后一刻，当看到自己的身体先于众人，像碎裂的硬塑料颗粒一样绽开时，才明白了他不是人类，他的二维灵魂也随之消逝在了苍茫人间。

在寰宇基地，"生天计划"的总设计师被人发现，头天晚上就没有离开办公室的他，在座位上开枪自杀了。

他写下了简短的遗言，大意是断言人类没有可能战胜自我的诸多束缚，即使已经取得了永生技术，但是想要实现星际旅行，也是无法实现的任务。

另外，他最后在遗言中提出了一个极度恐怖的猜想：我们可能是宇宙中唯一的高级生灵，除了人类之外，没有外星人，也不存在所谓的宜居星球。

而如今，地球总人口数已被永远锁定。

地球永生联盟再一次面对尴尬的局面，是否还要往永生堡垒送入新的永生人口？

活着？还是继续活着？人类将何去何从？

尾声

二

李天罡教授品完一口如铭递上的工夫茶，在TOI 700d星球上的仿唐别墅二层楼台上，和老友袁春风一起幸福地看着小玄孙女正在慢慢地走近。

"太祖爷爷，太祖爷爷，爸爸又要出发去太空了，说还要再去三个星球才能休假。"小玄孙女嘟嘟囔囔地爬了上来。

"哈，我的乖玄孙女不高兴了？爸爸是要去干大事，囡囡长大了也要干大事，好不好？"李天罡抱起了玄孙女，指着远方说，头顶的阳光正亮。

TOI 700d比地球大20%，永远以同一面朝着恒星，不像地球一样还会自转，所以不存在昼夜交替，也不会有四季更迭，永远是宜人的明媚春光。

李天罡和袁春风在交付完宫系统的管控权之后，就和另外十一位科学家一起，带领了二百名机器人，乘坐"沐风号"飞船，经过一百一十五年的飞行，先期抵达了这里。

对TOI 700d的生态环境进行了初步的改造，搭建了七百座自设昼夜模拟系统的房屋居所，以使初来的地球人在时空过渡上有一个适应过程。

"该进黑夜屋睡觉了，囡囡。"李天罡把玄孙女抱进了里屋，开启了夜间模式，小孩子的时差还要很久才能倒过来，而且长身体的时候，多睡睡没坏处。

"老兄，还是你当初的决策对啊，多亏留下了一支暗线，孩子们才不负人类希望，顺利赶到这里与我们两个老家伙会合。"李天罡遥思过往，感慨袁春风的远见卓识。

"嗨，我老袁做事从来都是至少要留三招后手，哈哈，这回你服了吧？那时候还说我太多疑。"袁春风快人快语，一点儿不像个科学家的样子。

"服了服了，全地球的人都该感谢你。"李天罡送完小玄孙女，继续和袁春风商议接下来要做的事情，"土壤的酸性还是要想办法降下来，光靠从地球带来的粮食可不行，得尽快长出庄稼，难道作物也需要黑夜睡觉？明天让机器人搞几个黑暗薄膜试试。"

"嗯，空气的氧还原也还不理想，现在只是勉强能摘掉面罩而已，浓度还需要加强。"

"另外，水的碱性太大，净化成本也太高，不知道延昭这次去 MOL 600s 能不能解决水源问题。"

"星体内核的远红外探测也得再增加机器人，必须让梦天他们探明它的预期寿命，不然到时候我们又得去找新的地方。"

"没事！太空浩渺，有无穷的可能，相信人定胜天。"

尾声